亚布力
企业思想家系列丛书
Business Thinkers Series

U0519040

重塑

新格局下的
企业新发展

亚布力中国企业家论坛 编著

知识产权出版社
全国百佳图书出版单位
—北京—

图书在版编目（CIP）数据

重塑：新格局下的企业新发展 / 亚布力中国企业家论坛编著 . —北京：知识产权出版社，2022.1

ISBN 978-7-5130-7750-7

Ⅰ.①重…　Ⅱ.①亚…　Ⅲ.①企业发展—研究—中国　Ⅳ.①F279.23

中国版本图书馆 CIP 数据核字（2021）第 198658 号

责任编辑：陈晶晶　　　　　　　　　　　责任校对：谷　洋
封面设计：李静波　　　　　　　　　　　责任印制：刘译文

重塑——新格局下的企业新发展

亚布力中国企业家论坛　编著

出版发行：知识产权出版社有限责任公司	网　　址：http://www.ipph.cn
社　　址：北京市海淀区气象路 50 号院	邮　　编：100081
责编电话：010-82000860 转 8391	责编邮箱：shiny-chjj@163.com
发行电话：010-82000860 转 8101/8102	发行传真：010-82000893/82005070/82000270
印　　刷：三河市国英印务有限公司	经　　销：各大网上书店、新华书店及相关专业书店
开　　本：720mm×1000mm　1/16	印　　张：13
版　　次：2022 年 1 月第 1 版	印　　次：2022 年 1 月第 1 次印刷
字　　数：200 千字	定　　价：69.00 元

ISBN 978-7-5130-7750-7

没有过不去的坎儿

文 刘永好　新希望集团董事长

在突如其来的新冠肺炎疫情中，不光是大企业，每一个中小企业也都在贡献着自己的力量。中国的企业家们大概经历了"三边"的战疫：一边要火急火燎地争取尽快恢复生产；一边要保护员工，甚至借钱来发工资；一边还要捐款、捐物，帮助各地在抗疫一线的人。在此，我向每一位参与这场战"疫"的平凡人致敬！谢谢你们。

新希望也做了很多事。

一是将员工的生命安全放在首位，在全球采买口罩等防疫物资。

二是通过绿领公益基金会和中国光彩事业基金会捐款、捐物超过3000万元，设立了"三农"防疫救助和医护关爱专项基金等。

三是依靠产业优势，积极参与抗疫。如新希望下属的兴源环境，参与了火神山、雷神山医院的污水处理项目；新希望旗下的食品乳业也向抗疫一线捐了500多吨食品等。我们还积极参与了"四保"活动——保供应、保物价、保就业、保经济等活动。

另外，新希望还设立了上万个工作岗位，为养猪事业、产业发展招工。我们觉得，在这种时候更应该多储备人才、多养一些猪，为我们的产业、为解决城市的肉、蛋、奶供应做出我们的贡献。

在我们积极行动的同时，全球也出现了以下变化。

第一，新冠肺炎疫情全球化。当前中国的疫情得到了有效控制，但是全球有100多个国家和地区暴发了疫情，且疫情感染人数在不断增长。人类是一个命运共同体，战胜关乎各国人民安危的疫情，团结合作是最有力的武器。

中国人口多，又是一个经济大国、制造大国。所以中国也可以为社会乃至世界多做一些贡献。实际上，我们国内不少的企业领头人非常积极参与国际援助，比如郭广昌、马云等也向国际重灾区捐了救灾物资。

第二，供应链的变革，加速了全球产业链的升级和重塑。中国制造业停工一个多月，进出口也受到了影响。如美国的可口可乐，由于甜味素告急，出现了供给不足的问题；iPhone 11也面临着断货；等等。中国制造是全球供应链的一个重要组成部分，也是全球压力的测试。结果证明，中国世界工厂的地位没有变。另外，疫情导致了供应链的中断，包括基础设施、医疗物资的调度甚至是供应链的对接等方面，所以，我们还有很多工作要做。

第三，疫情促进了线上化的发展。比方说无接触式金融、线上会议、远程教育等行业的爆发，经济组织形式向云上转移，新冠肺炎疫情带来数字化转型的机遇。比如新希望的金融科技公司现在已经为近百家城商行、农商行提供了金融、科技领域的无接触大数据的网上营运能力；网上教育和线上办公，包括钉钉和腾讯等公司在网课、线上办公方面大行其道，我觉得这是新的机会。另外，政府的扶持政策、产业的联动和金融工具都成为助力，亚布力论坛也会帮助伙伴们一同度过艰苦的时刻。

只要我们一条心，同心战疫就有希望。企业家一次又一次倒下去，但是一次又一次站起来，这就是企业家精神，所以没有过不去的坎儿。

有人说时代的一粒沙降落在个人头上就是一座山。是的，这次灾害影响到了我们每个人，但是我们应该拿出聚沙成塔的毅力和坚韧。现在，疫情控制逐步向好，我们已经看到了曙光，往后还有恢复经济的"山"，我们企业家要做的是恢复信心、恢复生产、恢复经济、回报社会，为实现让生活更美好的愿景而努力。

结语

作为新希望集团的董事长、亚布力中国企业家论坛 2019—2020 年度轮值主席、川商总会第二届会长、全国农村产业融合发展联盟主席，我想说，在中国抗疫已经取得了相当大进展的今天，我们应该怎么做呢？

首先，我觉得企业要积极恢复生产，用实际行动来满足市场的供应和需求。其次，我们还要继续做抗疫的表率和榜样。这次疫情其实给企业家带来了极大的困难和压力，好多企业确实揭不开锅了，特别是中小企业的压力尤其大。怎么帮助这些中小企业解决困难和问题呢？这不单单是政府的事，我们的企业家、我们的商会、我们的亚布力论坛也在想办法、出主意，一方面，呼吁国家给予更好的政策来帮助、支持中小企业和小微企业；另一方面，我们的企业家也要思考，在自己的产业链上怎么帮助小微企业渡过难关。虽然我们自己也有很多困难和压力，但是我相信，我们一定能渡过这个难关。

所以，我们期盼全球能够齐心战胜疫情，作为企业家，作为亚布力论坛的一员，希望大家都能行动起来。

我眼里的希望

文 冯 仑 御风集团董事长

很多人都在探讨疫情对企业的影响，这期间产生了两种看法：一种看法较为悲观，认为全球疫情不知道什么时候能结束，虽然疫情在中国得到控制，但是经济是否能迅速恢复不得而知，因为企业本身也面临着很大的压力；另一种看法较为乐观，认为疫情期间也出现了很多积极因素。我也比较乐观，所以，我与大家分享的主题是"我眼里的希望"。

思维决定认知

面对同一件事，不同的人在不同场合所做的判断会非常不一样。但是企业家面对任何一个灾难、任何一次困难，看到的永远都是希望。这是由我们的工作、角色及所处的竞争环境决定的。

举例来说，2001年的"9·11"事件致使纽约世贸大厦近3000人死亡。一年以后，我们计划参与大厦的重建工作，我与一位银行家前去考察，他却表现出了两种态度。一方面，他与金融界人士谈判，希望他们支持我们做这件事；另一方面，他又偷偷对我说："老弟，这事恐怕还是不能做。"我问为什么，他说："这么小的一个地方，近3000人没了，这就是个坟场。今后谁会来租这个地方？"

这件事给了我特别大的刺激。我发现，世间之事，不在于事情本身，而在于对事情的解释。比如，对于丧事，庄子有一套自己的解释，他认为生死乃气的聚合与流散，犹如四季的更替，是一种不可违背的天道规律，所以妻子死了，他要敲盆唱歌。但有人对丧事有另外一种解释，所以面对死亡，他们会哭天抢地。行为的不同，原因在于头脑里的解释不同。

因此，对于世贸大厦的重建，我也要寻求一个解释。于是我找到了一些经济学家、人类学家、社会学家，问了他们同一个问题：面对这样的灾难，未来人们在这里究竟会怎样恢复和生活？对于世贸大厦，人们又会有怎样的看法？

特别有意思的是，经济学家的回答普遍比较悲观，因为他们会算账。按照当时纽约的房租、就业情况，这个账没法算，是一笔亏本的买卖。但社会学家、人类学家告诉我："没问题，你可以继续做。"我问为什么，他们说："不管多大的灾难，基本上15年后，它就会被人遗忘，20年后，随着新一代人的成长与老一代人的离去，它就像没发生过似的。"最后，我们还是参与了世贸大厦的重建工作。2019年，我们在纽约的项目开业，社会学家与人类学家的解释得到了印证。同"9·11"事件之前相比，整个纽约下城地区的房租不仅没降低，反而涨了，旅游人数多了至少一倍。

对我来说，这个经验很重要。于是，面对这次疫情，我就有了经验。从疫情发生的那天起，我就坚信它很快会过去，所以我们在做的事也没有因为疫情而停止。我觉得，这是对灾难的理性看法。对房地产来说，每一块土地下都可能有白骨，特别是在城市，每一块地底下都可能埋藏着悲伤的故事，但这并不妨碍人们在这上面建高楼、喝大酒。

疫情催生房企新契机

除了解释以外，验证希望的第二件事是现实。大家知道，房地产行业已经基本恢复到了疫情前的状态。武汉有一个项目卖到了5万元/米^2，西安也有项目卖到了5万元/米^2。这才用了多长时间？我国疫情基本得到控制也才用了4个多月的时间。

疫情之后三亚居然还出现了一房难求的局面。为什么会这样？疫情防控需要，人们不能出国旅游了，在家憋了几个月以后，都想出来透透气，于是就都往三亚跑。听说，复星旅游文化集团旗下在三亚的项目"亚特兰蒂斯"一天的营业额曾达到了700万元，大家可以想象场景有多火爆。现实已经给了我们信心。

还有一件事也很有意思。刚开始复工的时候，很多人说，疫情之后，到民政局办离婚的人最多。后来，我们研究发现，疫情给家庭生活带来了两个极端的结果。凡是房子较小，密度较高，住宅环境较为传统的家庭，闹矛盾的就比较多，离婚率也比较高。而房子较大，通风环境、设施比较好的家庭，感情反而更好了。有一个企业家朋友说："赶紧上班吧，再不上班，我就爱上我老婆了。"为什么这么说？过去，他比较忙，一直在外出差，很少在家。疫情期间，他们朝夕相处，感情又回到了初恋的状态。现在只要出差，老婆都要送他到楼下。

所以，我们认为，疫情后房地产住宅市场在总量和产品结构方面都将有很大的改进，而且健康住宅会成为下一个住宅类的重要产品。这也是我说的"希望"，或者说现实中比较乐观的地方。

简单、专注、持久是希望之源

当然，最近也有很多企业在不断地出状况，我们身边很多有 20 年、30 年发展历史的企业，也遇到了困难。在这样的情况下，我们需要从历史中找到活下去的依据和方法。

回头看，在过去的大风大浪面前，什么样的企业活下来了，什么样的企业在挣扎，什么样的企业遇到了不可抗拒的坎，最后牺牲了？我们研究发现，活下来的企业特征大体上就是六个字：简单、专注、持久。反过来说，没有活下来的企业，不是简单，而是复杂；不是专注，而是动作很多，东一榔头，西一棒槌；不是持久，而是短促。

所谓简单，就是业务模式简单，公司治理简单，企业价值观简单，政商关系简单。在疫情中出现状况的企业，相当多的公司政商关系复杂，公司业务模式复杂，公司治理结构也复杂。举一个治理结构非常复杂的公司例子，一个公司里有夫妻关系、情人关系、同学关系，还有发小、领导的子女，这样的公司怎么治理？此外，有的公司还有超级股东。公司治理结构一旦复杂，原本的家庭矛盾就会变成公司矛盾，这样一来，公司最后也会出问题。

所谓专注，就是做一件事的时候要精益求精，把一个项目、一个产品做到让人感动，让人无可企及、叹为观止。比如说"谭木匠"，一个做梳子的公司，把一件事做到了极致，现在活得很好，成了非常好的企业。但是，我们也知道，有的企业 20 年里不断变换姿势，不过活得并不轻松。因为姿势太多，快感就少。

所谓持久，就是做好一件简单的事，用时间来证明你的决策正确，用时间证明你具有能力，用时间来感动别人，用时间积累你所有的优势。

很多企业家之所以能在疫情期间表现突出，很大的原因，就是因为他们的企业有 20 年、30 年的积累，所以在关键时刻才能爆发出力量，并承担责任。如果你想要眼里有希望，你的企业就必须简单、专注、持久。只有这样，希望才会到来。

企业要将认知变现

希望的实现，还与外部环境有关。大家知道，企业在竞争中每天都会遇到外部环境的挑战。

外部环境都包括哪些？无非就是市场环境、体制环境、文化环境。市场环境就不多说了，体制环境是过去 40 多年来不断变化的。在这样的一个环境里，企业家怎样才能不断超越这些制度变革，最后活下来？需要按照市场经济的方法，坚持企业产权清晰、坚持现代化公司治理，同时坚守自己的底线和好的价值观，只有这样，才能完成自己的使命。这种与时俱进、自我变革、自我要求、自我更新也是一种非常大的挑战。

现在我们还有"内循环"的环境。在"内循环"的经济下，如果不能坚守我们上面讲的企业产权独立、公司有效治理、维护公平竞争与法治的环境，企业就可能由有希望变成没希望，从而无法在新环境中生存下去。

总之，一个有希望的人，就是看到了未来、看到了理想的人。我们开玩笑说，理想是墙上的美人，现实是炕上的媳妇，我们的工作就是要把墙上的美人变成炕上的媳妇。除此之外，我们还要把眼里的希望变现。什么叫变现？就是将我们对市场、产品、商业、体制的认知，通过经营获得现金回报。而将认知变现的工作，就叫"投资"。

所以，我们一起投资武汉、重仓武汉，就是因为眼里充满希望；同时，我们期待所有的行为在未来都能够变现，我们的每个决定都能变成正确的决定。

目 录
CONTENTS

第一篇

中国经济的"破"与"立"

　　无论从哪个维度看，这次疫情对整个人类社会、全球经济以及各位来说，开启了一段新的人生历程、企业发展历程、国家发展历程，算是历史的一个转折点。

疫情对宏观经济的冲击及对策

文 曹远征　中银国际研究有限公司董事长
　　　　　中国宏观经济学会副会长

　　总的来说，疫情对经济的冲击是从宏观和微观两个方面展开：从宏观上来说，对总供给和总需求都有冲击，表现出来的是 GDP（Gross Domestic Product，国民生产总值）急速下落；从微观上看，表现为企业的经营困难，尤其是现金流收入上遇到重大麻烦，从而使得现金短缺变成主要现象。这不仅对现金收入依赖较多的企业如餐饮业、影视业、旅馆业等有影响，也给去杠杆较高的制造型企业带来了麻烦。由于现金流的困难，企业在付息上有压力，一旦出现现金流短缺，便会产生经营上的风险，这是显而易见的。下面我将展开讨论。

　　有同人问，中国经济在过去这段时间的表现是什么样的？为什么冲击问题变得如此敏感？我们注意到，从 2008 年国际金融危机之后，中国经济进入一个新的阶段，过去支持中国经济长期增长的因素都开始减弱。

　　其实，从 1978 年开始，改革开放让一些新的因素焕发出来，成为中国经济的增长动力。这些因素包括：第一，中国经济的出口导向；第二，经济全球化，全球化的过程使中国的廉价劳动力及其他要素得到充分发挥，形成了以出口为导向的制造业；第三，当时的中国人口红利充沛，另外还有高储蓄率，有投资就会有较强劲的增长，于是，由高储蓄率带来的高投资成为中国经济增长的基本特点，即投资驱动型的经济增长；第四，资源和环境因素对经济增长的约束相对较小，从而可以廉价利用资源和环境，这也是中国经济高增长的一个重要因素。

但是我们注意到，进入 21 世纪后，特别是 2008 年国际金融危机后，这些因素都在发生变化。

第一，全球经济增长在减缓之中，这意味着中国的出口导向因素改变了。其实，我们注意到中国的出口增速最高是在 2010 年，增速近 30%。此后，中国的出口增速在持续下降，2015 年以后甚至出现负增长。2017 年，情况有所缓和，这是因为全球经济在复苏，中国的出口也转为正增长。但是，随后 2018 年爆发了中美贸易冲突，2019 年中国的出口又转入负增长。这意味着中国经济高速增长的出口导向型因素和动力已经在减弱，这也意味着中国的经济结构需要转变，从出口导向转向扩大内需。随着总需求的下降，世界经济显现出产能过剩的迹象。如果世界经济持续低迷，中国产能过剩是绝对的。

第二，中国经济的高速增长使得中国的生产被纳入经济全球化，尤其是廉价劳动力。在全球化的过程之中，中国形成了廉价劳动力优势，成为世界工厂。同等技术条件下，中国生产的价格是最低的，于是中国产品行销全世界，构成了出口导向，中国也是全世界投资的世界工厂。但 2003 年以后，中国农民工的工资每年增长速度都在 10% 以上，而且不存在东、中、西部的差距，甚至中西部的工资增长速度快于东部，从而，中国的廉价制造不太会从东部转移到西部，而是会转移到专业劳动力更加丰富的地区，比如东南亚、南亚。廉价制造曾经是中国的竞争优势，但现在看来，这个优势正在减弱，这是中国经济下行的另外一个原因。

第三，人口老龄化。按联合国标准来说，老龄化是指一个地区 65 岁及以上的人口数量达到或超过总人口数量的 7%。目前，中国 65 岁及以上的人口已超过全国总人口的 10%，已进入老龄化社会，且老龄化速度还在加速之中。老龄化在经济含义上，通俗来说，就是吃饭的人变多了、干活的人变少了，也就是要吃老本了。中国过去的经济增长之所以是投资驱动型的，主要是由于高储蓄率和人口红利。随着人口红利的减弱，投资难以维持较高的速度。过去 10 年间，中国的投资增速在持续下降，2019 年只有 5%，这意味着投资动力正在减弱，如果还想维持动力，就需要向未来借钱，这就是高杠杆产生的原因，也是债务负担加重的原因。储蓄率下降是导致投资下降的因素，这也意味着我国得从投资驱动型经济转向消费拉动型的经济。

　　第四，中国过去的经济增长是资源消耗型、能源消耗型、环境消耗型的，随着对资源、环境因素的约束日益紧张，中国经济不得不从资源、能源、环境消耗型经济转向节能减排型经济。这种转型意味着中国经济正在改弦更张，走向一条可持续的发展道路。但这也意味着传统的支持高速增长的资源消耗型经济增长模式正在结束，原有的经济增长动力也在相应减弱，中国经济也正处于这样的转变之中。

　　上述四个因素是结构性的因素。中国过去 10 年的经济下行，不仅仅是一种周期波动，更重要的是结构原因导致的持续下降，反映在经济上，就是潜在增长能力的下降。用官方语言来说，中国经济正在一个坎儿上，要由高速增长转向高质量发展。

【提问环节】

　　Q：疫情之后，是不是要加大固定资产来刺激经济？

　　曹远征：事实上，即使这次疫情没有出现，对固定资产的投资也已经在加大之中。我们注意到，2019 年已经开始允许地方债跨年使用，而且 2019 年新增的地方债已经在发行之中。发改委的很多项目也在 2019 年得到批准，且在 2020 年已经开始慢慢实施。这是应对 2019 年经济下行，保住 2020 年的增长目标、实现小康社会的需要。疫情出现之后，肯定要加大这种需求，相应有所调节。我们注意到，高层开会常提的口号就是"更加积极的财政政策"，这就是加大固定资产投资的小信号。

Q：通胀压力大吗？

曹远征：其实通胀的压力，如果从物价上涨这个角度讲，还是有的。但似乎不只是通胀出现了问题，供给侧也出现了问题。2019 年，涨价最多的是猪肉，这是由于非洲猪瘟和过分的环保要求导致猪的产量下降，猪肉价格也随之上升了。那么疫情时的情况也同样如此，由于疫情的冲击、运输的困难，很多农产品尽管也在生产，但在供给上遇到了一些困难，所以物价也随之上涨。

Q：如果进一步鼓励信贷，停止去杠杆，鼓励民企用银行的钱去投资，之后再去杠杆，民企岂不是很惨？

曹远征：这也是我们关注的问题。杠杆过高，一定有去杠杆的压力，杠杆越高、压力越大。所以合理使用杠杆是企业必须加强管理和学习的新课程。很多民企处于两难的境地，过去的杠杆比较高，导致现在一旦营收减少，付息困难，企业就会有倒闭的风险，这也是 2019 年民营企业遇到的主要问题。很多民营企业都是出口导向型企业，出口不仅仅是利润的来源，也是现金流的来源。出口收入下降意味着内部现金流不足，内部现金流不足，付息的压力就会变大，如果无法支付利息，杠杆就会崩断，企业就会倒闭。2019 年，很多民营企业"求包养"，就是这个原因。

换言之，现在的融资贵与过去的融资贵已经不是一个概念了。过去说融资难、融资贵，是还有发展的机会，想借钱，但借钱太贵、太难。现在的融资难、融资贵，不再是发展型的问题，而是生存型的问题。如果借不到钱，企业可能会立马倒闭。于是，企业为了生存，需要去融资，也就是在内部现金流不足的情况下，需要外部现金流来补充，通过借钱来还债。在这种情况下，企业一定得好好考虑，是让企业存续下去且还有发展机会合适，还是用其他办法更合适，这应该是这位网友提问的核心所在。但对中国大多数企业来说，中国依然有很庞大的内需潜力，企业也真的很有发展机会，那么就值得企业努力采取措施。因此，企业如果依然有前景，可以先借钱存续。

Q：企业家在公共卫生体系建设中能发挥什么作用？

曹远征：公共卫生体系的建设，从经济学的角度来看，是应对冲击的第一道防线，如果这道防线修得好，经济就会平稳前行。从这个角度上来说，未来一定要建立好的公共卫生体系。政府应该增加这方面的投资，在软、硬两个层面都应该加大基础设施的投资力度。其实，这个领域也有很多的机会。

一方面，应对疫情政府得刺激经济；另一方面，民间投资在下降，政府也得掏钱。政府如何能平衡好刺激与泡沫的关系？

泡沫是价格的飞速上涨超越了实体经济的价值导致的。关键看投资在什么方面，到底有没有需求。如果有需求，就不会产生太多的泡沫，如果没有需求，一定会产生很多的泡沫。这次让人非常担心的一件事是，房地产这部分的泡沫会不会被戳破，特别是疫情发生以后，居民居住行为和消费行为会不会发生变化？会不会导致房地产发生新的发展变化。

Q：您判断需要多少年，社会对本科生需求高于中高职毕业生和农民工？

曹远征：我理解这位网友提出问题的背景，因为 2020 年就业形势最为严峻的可能是本科生。2020 年的大学毕业生有八百多万人，在就业形势本来就不是很好的情况下，又遭受疫情冲击，这对本科生就业产生了较大影响。但从未来的发展来看，一个社会的发展，是越来越需要文化的，而不是用学历来衡量的，其更多地体现在技能方面。我们看到，中高职毕业生和农民工的技能也在提高，而我们的本科生恰恰有很多是学术型的，不是实用型的。

就中国来说，依然是处于经济增长中的发展中经济体，对实用型人才的需求远远高于文理科学术型人才的需求。我们认为，在中国城市化进程超过 75% 之前，更需要实用型人才。这也是为什么现在很多人说，发展高等教育应是一个职业教育，而不是一个纯粹的文理科的学术型教育，这种教育是经济社会形势在这个阶段所需要的。

如果要做预测，2035 年以后，可能情况会有所改变。目前，中国经济仍然处在成长的道路上，至少要到 2035 年以后，城市化率才可能超过75%，那时基本实现现代化了，对技术型的人才需求才可能是饱和的。

Q：感觉除了高杠杆之外，经济周期也到了三十年河西，或许瘟疫、饥荒等不可测因素会成为常态，直至您说的 2035 年？

曹远征： 这次疫情确实提醒了大家。现代社会是个风险社会，防范风险是第一位的。从这个角度来说，提高风险意识，做好应对、做好准备，是一个现代社会所必需的。现代社会不是一帆风顺的，不是一成不变的，而是有弹性的，我们要能够处理突发事件。

Q：中国首先暴发疫情，开始包括您和大家担心生产链被替代；如今日、韩乃至欧洲多国暴发，且均比较严重，而中国趋于稳定，中国有没有可能出现巩固产业链的机会或填补国际市场空缺的机会？

曹远征： 其实，中国作为世界第二大经济体，可能不是说体量有多大，最重要的是有一个完整的产业体系。按照联合国的工业体系目录，中国从手工制造一直到高精尖的制造，全部都有。这个体系镶嵌在整个全球供应链之中，实际上中国不仅是全球供应链的一部分，而且中国本身也是体系化的。

侧重经济内循环

文 贾 康 华夏新供给经济学研究院院长

面对当前国际形势巨大的不确定性和种种压力，我们要更多侧重于扩大内需的"内循环"。无论有什么样的不确定性，中国都要"做好自己的事"。

我想以研究者的身份与大家探讨：在当前的宏观视野之下，我们如何认识疫情之后中国的目标、态势、挑战和机遇。

经济面临三重因素叠加

当下的中国经济面临"新常态、贸易摩擦、新冠肺炎疫情"三重不利因素叠加的局面。

首先，中国经济在进入新常态时受到了第一重冲击。2010 年中国成功抵御住世界金融危机的冲击之后，经济实现了两位数的增长，年度经济增速是 10.6%，正处在高速增长的"黄金发展期"。但中央通过理性判断后认为，"黄金发展期"也是"矛盾凸显期"，二者的特征相互交织，并不利于经济的健康发展。所以，中国经济需要放慢发展速度，增长要从高速转为中高速，寻求经济的"软着陆"，因而"认识、适应、引领新常态"成为当时经济发展的大逻辑。

受主、客观因素综合影响，中国经济在"软着陆"的过程中，前两年的增速迅速降到了 8% 以下；后三年则相对缓慢地降到了 7% 以下。回头看，2010 年这样强劲增长的经济态势，与 30 年改革开放的高速增长一脉相承，这是中国经济起飞和粗放型高速发展期"回光返照"的最后一年，这样的局面以后都不会再出现。

从全球视野来看，经济中高速着陆，符合经济体进入中等收入阶段以后的共性特征。2010 年，中国人均国民收入是 4000 美元，中国坐稳了中等经济收入体的交椅。即便经济增速再放缓，与其他经济体也是大同小异，所以必然要告别经济起飞粗放发展阶段的高速特征，完成增速向下的调整。但经济增速不可能没有底线地一低再低，即便中国经济调整为所谓的"中高速"，却仍属于大经济体里相对超常规发展的"高速"。所以，这种中高速要伴随着实质追求，要不断优化结构，才能支撑经济的高质量发展。

在这种情况下，如何把握好经济由高速转为中速发展的方向？决策层领导身边的主要智囊人士，以"权威人士"的名义在《人民日报》上发表文章表述：中国经济要完成一个"L"形的转换。在 2015 年下半年到 2018 年上半年的 12 个季度期间，中国经济发展已经出现了一个中期化的平台特征，增速在 6.7%~6.9% 这个很窄的区间内波动，发展较为稳定，结构优化带来的一系列亮点和正面效应也逐渐凸显。

其次，在 2018 年一季度以后，中美贸易摩擦不期而至，这导致中国经济面临第二重不利因素叠加的影响。贸易摩擦击穿了这个中期化平台的底线，致使经济增速继续往下走。2019 年中国全年的经济增速是 6.1%，第四季度已经落到了 6%。时至今日，贸易摩擦已经加入了科技摩擦、外交摩擦。我们也不必讳言，美国在金融方面已经开始有动作。最典型的是针对中国香港做出的种种威胁。

最后，叠加的第三重因素就是新冠肺炎疫情的突发。疫情导致 2020 年一季度中国经济的增速一下被打到了 –6.8%，1—6 月又回升到 –1.6%。新冠肺炎疫情的冲击带来了巨大损害，我们置身其中都能感受得到，特别是湖北武汉，作为疫情发生的中心区域，对此的感受可能会更加深刻。不过需要注意的是，疫情叠加的不利影响与前两个因素不同，它毕竟只是相对短期的影响。

　　另外，从短期因素和长期因素结合来看，我们对中国经济社会的发展有了一些基本认识。我强调了这次疫情是一个短期的冲击，中国有相当大的把握恢复经济，复工、复产会进一步推进，经济社会也会恢复正常发展。虽然全球其他国家和地区的疫情还有很大的不确定性，但其中也包含着明显的确定性。简单来说，以两年为期，全球范围内的疫情防治工作应该会有相应的成果。在防病方面，会有可供使用的疫苗；在治病方面，结合较丰富的治疗经验，有效的药物应该可以得到普遍使用。

　　既然疫情的控制在中国和全球范围内都有确定性的前景，那么，在上述三重下行因素叠加的影响下，我们如何把握好现代化战略，继续推进中国和平崛起的现代化进程？

　　除了疫情，影响中国和平崛起的最重要因素还是国际因素。面对中美关系恶化的严峻局面，中国必须重温邓小平的谆谆教诲，"冷静观察、稳住阵脚、沉着应付、韬光养晦、善于守拙、决不当头、抓住机遇、有所作为"。我们现在的综合实力还难以与美国这样的头号强国抗衡，所以，应该"有理、有利、有节"地掌握好我们的战略和策略，必须注意低调行事，不争一日之短长，不逞一时口舌之快。我们一定要注意，外交活动是趋利避害的，最关键的是，我们要做好自己的事情，调动一切潜力谋求发展。在国家治理现代化的概念之下，企业家要有所作为，中国社会也要齐心协力，为继续发展现代化和平崛起的目标而努力。

侧重扩大内需的"内循环"

　　最近很多人提到经济"双循环"，拥抱全球化自然没有错，但我们在某些特殊的阶段也有必要强调"双循环"与扩大内需相结合。扩大内需指的是国内需求的潜力释放，它一定要得到我们本土供给的回应，只有这样，才能形成一个良性的供需循环。

　　面对当前国际形势巨大的不确定性和种种压力，我们当然要更多地侧重于扩大内需的"内循环"，但这绝不意味着要闭关锁国。我们与美国、与其他经济体共享全球同一个产业链的基本形势，也决定了我们不可能闭关锁国。美国所谓的"脱钩"，实际上主要是威胁，它可能有局部"脱钩"的种种动作，但绝对不可能让美中贸易归零，更不可能让人员不往来，彻底切断"你中有我、我中有你"的经济活动和投资格局，这对美国没有什么好处。至于说高端的核心技术、前沿技术、"卡脖子"的技术，中美之间早就是"脱钩"状态，从来就没有挂上钩过。中国要想在芯片技术上有所突破，只有采用"举国体制 2.0 版"，利用过去"两弹一星"的经验，在市场经济时代对接全球市场，设定 5~8 年的突破期，在此期间将芯片技术难题当作典型的国家级工程来攻克。

最后，我想强调，无论外界有什么样的纷繁困扰，有什么样的不确定性，中国都要做好自己的事，一定要坚定不移地贯彻党的基本路线，坚持以经济建设为中心。这就要求我们充分尊重市场规则，尊重在全球已经形成的、不得不接受的国际规则。在这种规则下，我们必须遵循"竞争中性""所有制中性"，尊重企业的自主决策，尊重企业家的精神，承认企业家是最稀缺的资源，把从上海开始的自贸区规则在全国逐轮复制，让它得到实质性的贯彻。

简单来说，这个规则就是"准入前国民待遇"，意思是对企业，要"法无禁止即可为"，"海阔凭鱼跃，天高任鸟飞"；而反过来对于政府自己，要切实贯彻"法无授权不可为"，而且有权必有责，要有问责机制。要有事前、事中、事后对政府行为、政府理财和调控行为的全套绩效考评制和问责制。这是在保护产权、竞争中性之后衍生出的优秀成果——中国已经在认真地"做好自己的事"。

有效市场与有为、有限政府的合理结合，定会有效推进中国和平崛起的现代化进程，这其中的经济空间和潜力非常大。中国的城镇化、工业化，还有市场化、国际化、高科技化、法治化、民主化，要想得到切实发展，就一定是在不断释放自己、弥合二元经济的过程中，用巨量的成长性潜力去创造今后的辉煌，这需要所有人的共同努力。

保持"双底线思维"

文 毛振华　中诚信集团创始人、董事长
　　　　　　中国人民大学经济研究所所长

金融危机前和金融危机后，中国的宏观经济政策有很大的变化。按照我的分析逻辑，大抵是如下的一个动态调整过程。

2008年，金融危机是中国宏观经济与政策的分水岭

我认为，2008 年的金融危机是中国宏观经济与政策的一个重要分水岭。2007 年，中国 GDP 同比增长率大概为 14%，仍处于危机前的高速发展期。2008 年上半年时，我们还在看 2007 年的经济数据，觉得它的发展速度太快，有过热倾向，所以在 2008 年上半年，中国出台了一些防止过热的宏观经济政策。

2008 年北京奥运会结束后，我们发现，因为国际金融危机的爆发，世界经济满目疮痍。2008 年的金融危机冲击了全世界，在中国其实也引起了 GDP 增速的断崖式下滑，我们采取了非常激进的政策——把下滑的经济强力拉回。我们采取了"债务—投资"的驱动模式，通过扩大投资来解决经济增速下滑问题，因为那时候的消费、出口都面临比较大的压力。但是，扩大投资的钱是举债而来的，并不是发给公司和个人的。

我认为，2008 年中国应对世界金融危机的政策，最终改变了中国，改变了中国的经济体系、经济结构、世界经济地位，同时也改变了中国改革深化的方向和中国政策的基本格局。

当时中国并没有非常严重的经济危机，但我们采取了比其他国家更加激进的政策，这就使得中国出现了一个跟西方国家错峰发展的机会。中国在金融危机之后经济企稳，并且在 2009 年下半年开始反弹，致使 2010 年成了世界第一大贸易国，2014 年又成为资本净输出国，更重要的是，中国成为世界第二大经济体。

但是中国在实现错峰发展的同时也付出了巨大的代价。金融危机后，我们比较长期地实行了刺激经济增长的政策，即稳增长政策。而中国经济在 2007 年就达到了一个顶峰，且有过热的倾向，经济结构本身需要调整。我们在这种需要调整的时候，不仅没有调整，反而采取激烈的刺激政策，这就导致金融风险逐步累积。所以，到了 2016 年，风险已经累积到相当的程度。

2016年，中国经济政策发生了重要转向

2016 年，我第一次提出了宏观政策的双底线思维。双底线思维是指，在制定经济增长政策的时候，我们要有一个双底线思维，不仅要注重经济增长，对风险本身也要有足够的防范，这两个都是底线。在当时情境下我之所以提出双底线思维，实际上是想建议中国经济政策做一个重要转换，即把防风险放到优先的位置，并把这一思想整理成文提交给了中央有关部门。2016 年 12 月，中央经济工作会议第一次提出要把防控风险放到更加重要的位置，接着 2017 年政府工作报告就提出要守住金融安全的底线，2017 年 4 月中央政治局会议进一步提出防控金融风险。

2017 年之后，我们进一步加大了关于防风险的认识，一直到党的十九大报告提出"守住不发生系统性金融风险的底线"，在当年的中央经济工作会议和 2018 年的政府工作报告中，进一步把防范化解重大风险与精准脱贫、污染防治一起列为三大攻坚战。

但是，2018 年美国挑起了贸易纠纷，使得中国经济运行的外部环境发生了变化，种种原因导致我们不能如期按照原定的防风险政策来实施。2018—2019 年，宏观政策的重心再度有所调整，对稳增长的关注加大，

但依然没有放弃防范风险。我们比较了中美贸易摩擦前后的政策，可以看到，2018 年我们的货币政策开始出现结构性宽松，我们对金融的监管也是结构性放松，改革开放的力度在加大，并且集中在科技创新领域。

疫情改变了世界格局

现在出现了新冠肺炎疫情，人类对于这个灾难的应对，实际上改变了世界的格局，这也是我们没有想到的。

首先，从经济上看，它加大了中国经济运行的外部风险。2020 年全球经济处于衰退状态之中，这是继 1929 年美国大危机以来，最糟糕的一次全球经济衰退。全球经济衰退导致外部需求大幅走弱，这个可能还会在后面一段时间之内持续发生作用。

政策稳增长要警惕债务风险的再度攀升

受疫情的影响，中国经济也受到了很大的冲击。从三大产业来看，工业所受到的冲击最大，因为需要劳动力的密集，加上大量物流、供应链的变化，所以它的下降最多。但三大产业都是下降的。从三大需求对经济增长的贡献率来看，资本对经济增长的贡献率是回落的，因为在这个时候投资也很难有效益。这就是我们现在遇到的一个特殊情况。

但从 2020 年来看，即使我们的经济增长率达到最低，也可以肯定地说，我们是全球主要经济体中唯一一个增长率是正数的国家。这就意味着，我们跟他们的差距还会进一步拉大，我们在全球经济中的比重还会上升，这就是衰退性增长。

即便如此，面对疫情的冲击，我们必须通过用应对危机、救急、救命的方法来加大政策的力度来发力、鼓励消费，使经济增长得到修复。

我觉得现在我们要关注一个问题：一个国家一有问题就放水、一有问题就采取比较激烈的推动经济增长的政策，是不是就能把问题解决呢？还有，在什么情况下，通过负债的方式扩大投资和消费能力是有效的？什么时候效果小？什么时候它的副作用更大？

经过前面的几次调整之后，我们的政策空间越来越小。比如说负债问题，中国过去是在一个长期负债率比较低的状态下运行，中国人不爱借钱，政府借钱不多，企业借钱也不多。后来发现，在早期增长过程中我们学习了日本，日本都是储蓄转化为投资，居民把钱存给银行，银行把钱贷给企业，包括债券市场，也是优先发给企业，这就导致企业负债率比较高、政府负债率和个人负债率比较低的情况。

但是到了后期，我们采取的一系列宽松政策特别是房地产政策，加大了对居民的放贷力度，导致居民债务杠杆率快速上升。中国居民杠杆率的增长速度是世界上最快的，绝对量在世界上也处于一个相对比较高的水平，当然不是最高。政府的负债相对来说还是可以的，因为中国的负债除了常规的信用负债之外，还有一个很大的特点，就是中国有很多的国有资产，中国可出售的国有资产部分还是很大的，所以我们政府部门的负债是健康的，还有一定的空间。

但是整体来说，我们很难在短时间之内达到西方国家用几十年时间积累起来的债务基数，但是达到一个债务基数规模之后再实行比较大的债务扩张政策，就会使全社会的债务负担更加沉重，负债多了，经济有可能更困难。

保中小企业非常重要

我们来看看疫情冲击下，中国宏观经济政策的变化。2018年，在中美关系发生变化后，我们提出了"六稳"。由于疫情，我们在"六稳"的基础上进一步提出"六保","六保"中最重要的就是保居民就业。这说明，我们最担忧的、最不愿意看到的就是就业出现问题。六保"里的就业居于首位，我觉得说得非常准，因为我国经济增长的一个最重要的目标就是要让人民得到实惠，而不是让更多人因失业而痛苦。

政策方面，"六保"里我重点关注"三保"的精准施策——保企业、保民生、保就业。后来，我又进一步提出，核心是要保中小企业。保中小企业，才能保证就业，才能保证基层运转，才能保证民生。因为在中国，中小企业特别是服务业中小企业是解决就业的一个主要来源，并且在服务业里，很多中小企业不是刚需。消费服务业受到的冲击比较大，如果这批企业开不起来，很多就业者就会遇到困难。所以保中小企业，特别是救劳动力密集型的服务企业非常重要。

疫情下的新双底线思维

我觉得当前我们要有一个新的双底线，把防疫作为重中之重，同时要把经济增长作为另一个重中之重。这两点实际上都很重要，在这种情况下要依据疫情的演化来决定相对主次。

我们还要补卫生公共短板，在武汉建设公共卫生战略基地，不仅可以解决一部分投资问题，同时也是恢复经济的一个重要方面。因为后来我们发现，我国很多地方完全没有公共卫生储备，因此要把这个短板补起来。同时，要想让中国成为最高水平的公共卫生物资生产大国，那么在投资方面就要加强公共卫生设施建设。

　　总的来看，我们现在有一些短期的困难和问题，我们还需要坚持稳增长和防风险双底线，这是中国宏观经济政策形成的一个重要总结，是中国经验、中国故事，同时，它也会指导我们未来的经济工作。所以我们在稳增长的同时一定要注意防风险，因为一个大的风险爆发，能够把很长一段时间积累的增长成果吞噬。

双循环经济缺一不可

文 郭广昌　复星国际董事长

> 要实现"双循环经济"，必须坚持"内循环是基础，外循环是关键"的基本原则，二者双轮驱动，一个也不能缺。

受外部环境的影响，大家普遍很焦虑。2020 年的疫情是大家焦虑的重要原因之一，但国际上的外部形势，尤其是中美关系，更是大家关注的焦点。2020 年 7 月，习总书记主持召开了企业家座谈会并发表重要讲话，提出"逐步形成以国内大循环为主体、国内国际双循环相互促进的新发展格局"，我认真学习了讲话精神，想从一个企业工作者的角度，就双循环经济分享一些思考。

拥抱经济外循环

很多人在讨论经济双循环的时候，会觉得"外循环"可能没有那么重要，我认为恰恰相反。改革开放以来，我国在经济的发展方面之所以能取得显著的成绩，与全球的经济大循环密不可分。我相信，未来十几年甚至更长的时间，中国的发展都离不开国际合作。

以抗击新冠肺炎疫情为例，在抗疫的第一阶段，全球的许多华人动用一切自身力量购买抗疫物资支援武汉、支援国家，很多海外友人也积极捐赠防疫物资，这一阶段的抗疫，离不开全球大家庭的帮助和支持。在抗疫

的第二阶段，我们也运用各种手段和方式支援全球抗疫，利用中国的产能提供各种抗疫物资。事实上，全球抗击疫情离不开彼此之间的合作与帮助。

新冠病毒疫苗的研发是全人类的大事，所以，我相信任何一个理性的国家，都不会放弃任何一种疫苗的可能性。大家不会在意疫苗是中国生产、德国生产还是美国生产的，而是更关注它是否能更好地抗击新冠病毒。

科学充满了不确定性，我们唯一的选择就是不放弃任何一种可能，更不能放弃与全球的合作。

做大经济内循环

坚定不移地做大国内经济循环，是我们参与全球经济大循环的一个基础。以健康的国民经济为前提，形成让所有的国家和企业都不愿意放弃的"中国市场"，是我们参与经济外循环的基础。

想要更好地参与经济外循环，必须开放我们的大门，让更多的全球企业参与中国的经济内循环。"内循环"是"外循环"的一个有机组成部分，我们要在参与"外循环"的同时，更好地开放"内循环"和中国市场。

坚定经济双循环

想要更好地发展经济内循环，我们的确还有很多地方需要进一步提升。在参加经济外循环时，我们不能只是将一些产品卖到国外，或是简单地做一些技术收购。经济双循环的发展，是一种软实力和硬实力的结合。

中国要提升在全球资源整合、资金整合以及人才吸引等方面的能力；而这些能力的培养，恰恰应该赋能在企业身上。

美国、欧洲之所以在国际上拥有较高的地位，很大原因在于它们拥有一批在全球拥有技术优势和话语权的全球化企业。所以，中国需要拥有一批这样的全球化企业，来参与全球的经济外循环，同时做好经济内循环。不过，现在符合这些标准的中国企业还太少。复星非常愿意，也一定会积极、努力地成为"经济双循环"的建设者。

客观来看，现在逆全球化"妖风"不断，有时候我们想要开放，但别人不一定愿意。不过，中国人的智慧在于化解矛盾，而不在于对抗，我们拥有智慧和能力去化解这些"逆风"带来的负面影响。全球很大，除了美国，还有欧美、日本以及发展中的印度和非洲等国家和地区，我们应该有更多的朋友，也应该更加地开放和包容。作为全球第二大经济体，中国应该肩负起更多的责任；作为企业，我们应该更加遵守全球的规则，更加包容与开放，与全球最好的企业建立合作。

我们要坚定地认识到，要实现"双循环经济"，必须坚持"内循环是基础，外循环是关键"的基本原则，二者双轮驱动，一个也不能缺。面对逆全球化的杂音，我们更要坚定信心，保持"双循环经济"的战略定力，把企业经营好，把国家建设好。

人民币国际化这条路怎么走

文 管 涛 中银证券全球首席经济学家

疫情冲击下人民币的避险功能有新的提升

2020 年年初全球暴发了新冠肺炎疫情，疫情不断蔓延，变成大流行病，这是全球新兴市场的情况。

中国的情况和全球新兴市场的情形大体类似。

众所周知，我们不仅开放了国内的股票市场，也开放了国内的债券市场，债券市场和股票市场相比，显得更加稳定。无论是第一季度，还是第二季度，境外投资者都在稳定地增持境内的人民币债券，人民币债券资产的避险角色初步显现。

过去判断人民币的国际化程度，通常是观察中国香港的银行人民币存款变化。很多人讲，中国香港的银行人民币存款最高的时候超过 1 万亿元人民币，到 2020 年 11 月底只有七八千亿元人民币，从这个角度来看，人民币国际化倒退了，实际上这是一种误读。因为 2015 年以前的人民币国际化是在境内加强管制，然后通过离岸市场的驱动来推进。但是在 2015 年下半年以后，中国内地加快了在岸金融市场的开放步伐，包括股票、债券市场的对外开放，实际上现在的人民币国际化由离岸驱动转向了在岸驱动。

现在境外投资者要持有人民币资产不是以离岸人民币存款的方式持有，而是直接到境内买股票、买债券，方便了很多。所以总体上来讲，人民币国际化的程度在进一步提高。

未来的国际货币体系或将更加多极化

在这次疫情应对过程中，美联储采取了"零利率＋无限量宽"的政策，有人说美联储这样的"大放水"有可能会影响美元的国际地位，导致全球范围内的"去美元化"。而我认为，威胁美元地位的是美国政府，而不是美联储。

根据国际货币基金组织对一个国家货币国际化程度的考核标准可以看出，上一次危机 10 年以后受到影响最大的是欧元，而不是美元。

为什么过去 10 年没有发生"去美元化"呢？一个很重要的原因就是几乎所有的国家都在实行量化宽松这种非常规的货币政策，而欧洲和日本不但搞量化宽松，甚至还走向了负利率。

这一次大放水，实际上也不是美联储在单干，全球都差不多采取了类似的政策。尽管欧洲和日本央行没有动用利率工具，那是因为他们已经实施了负利率，但是在扩大资产购买上他们和美联储相比也不遑多让。

在国际货币体系里可能存在一个所谓赢者通吃的游戏，理论上叫网络效应和路径依赖。从国际支付、外汇储备、国际债权债务这些方面来看，美元、欧元、英镑、日元这四种货币的市场份额合计通常在85% 左右。即便是全球外汇交易的币种构成更加多元化，这四种货币的占比份额合计仍然高达 150% 左右，因为它的总份额是 200%（截至 2021 年 2 月）。

一种货币如果使用的国家越多，它的交易成本就越低，流动性就越好，而用的越多，这种使用习惯就不会随便改变。

在这样的情况下，即便出现新兴的国际化货币，但因为网络效应、路径依赖，市场短期内可选择的余地也不大，也不会马上转向这种新兴的国际化货币。实际上，美国的经济总量很早就已经全面超过了英国，但美元取代英镑成为全球主要的国际化货币并非与之同步，而是晚了几十年，原因就在于此。

一种货币的国际地位，不但取决于经济实力，更多的是取决于它的综合国力。我们现在看到一种苗头，美国现政府推行的"美国优先"政策有可能会变成"美国孤立"。近年来，美国政府在全球范围内对主要经济体包括传统盟国不断挑起经贸摩擦，滥用经济、金融制裁，掀起逆全球化潮流，这会加速推动美国经济、金融与世界"脱钩"，可能动摇战后美元本位国际货币体系的根基。所以我们可以看到，欧洲为了规避美国的"长臂管辖"，自己开发了支付系统 INSTEX，以减少对美元支付体系的依赖。

另外，在疫情暴发之前，美国在国际上的任性"退群"也使它成为自己所建立的现有国际秩序的搅局者，特别是这次本来被认为能够很好地应对疫情的美国政府却表现大失水准，然而政府不但不自省，反而将责任对外甩锅，并且与盟国在各地争夺医疗物资，美国在国家治理上的不足和短板暴露无遗，这对美国的全球领导地位和美元的地位也是极大的伤害。在这种情况下，未来的国际货币体系或将更加多极化，甚至走向超主权货币主导的新时代。

中国金融实力有可能再上一个台阶

2020 年 3 月全球股灾时，美联储启用了和外国央行的货币互换。有一种说法是，美联储牵头这样一个货币互换网络是以美元为中心的，其中不包括中国人民银行（以下简称"中国央行"），也不包括人民币，这可能对中国有很大的影响，意味着金融"去中国化"。

我个人认为，第一，美联储牵头的货币互换网络虽然不包括中国央行，但是它本身具有正外部性，股灾期间产生了"美元荒"，和美联储签订了货币互换协议的各国央行，提取了货币互换额度，缓解了全球的"美元荒"困境，也促成了美元汇率的回调和美元利率的下行，这在一定程度上，对全球金融企稳、股市反弹起到了积极作用，而这些对于中国来讲，同样具有正外部性，中国也享受到了这方面的好处。全球金融趋稳以后，我们的股市也出现了反弹，我们也可以有更大的政策空间实施我们的独立货币政策。

第二，中国虽然没有参加美联储牵头的货币互换网络，但我们有一个人民币的货币互换网络，截至 2018 年年底，这个货币互换网络有 30 多个国家和地区的央行参加，总计规模有近 3.5 万亿元人民币，绝大部分和美联储签有互换协议的央行与中国央行也有互换安排。

大家担心中国没有参加美联储的货币互换，可能存在外汇短缺的问题，这是假定市场极度恐慌导致挤兑外汇储备才会发生的情况，哪怕你的外汇储备再多，可能也难以应付。但实际上，这种情况是非常极端的情形。

中国的外汇储备充裕，国际收支基本平衡，能够满足正常、合理的用汇需求。即使出现紧急情况，中国也可以动用货币互换额度和美联储回购便利 FIMA 安排，从美联储获得临时的美元流动性，只是眼下我们并不需要这么做。

从 2018 年年底开始，央行开始在中国香港发行央票。市场有一种解读，认为央行在香港发行央票是为了调控离岸市场的人民币汇率。实际上 2020 年上半年，央行在香港市场发了四次 6 个月期央行票据，这些央行票据的发行都属于到期滚动，借新还旧的常态发行。而且央行一再表示，发央票是为了丰富香港高信用等级的人民币金融产品，完善香港的人民币收益率曲线。所以央行从来没有说要去调控离岸市场的人民币汇率。

人民币国际化的机遇，我觉得主要体现在以下几个方面。

第一，中国经济有望在这一次疫情冲击中率先复苏。由于疫情的蔓延，有些国家的经济复苏进程可能会比较慢。而中国在 2020 年的第二季度经济就已经实现了正增长。

第二，中国在应对外部冲击方面有较强的经济韧性。这主要体现在两个方面：一是中国无论是财政政策、货币政策还是其他政策，在保持定力的同时亦留有余地，能够应付更加严峻、复杂的外部环境变化；二是国内产业门类齐全，国内市场潜力比较大，这样我们应对外部冲击时有更大的回旋余地，而这是对人民币国际化的一个很重要的支持。

第三，中国在通过改革开放释放制度红利，推动金融市场的市场化、法治化和国际化。本身我们不论是人民币债券，还是股票金融资产都具有一定的估值优势，这有利于吸引境外投资者增持人民币金融资产，也便于他们持有人民币金融资产。如果我们能够通过下一步的制度型对外开放，有可能会实现中国金融实力再上一个台阶。

人民币国际化可能会遇到四点挑战。

第一，海外疫情的蔓延会延缓世界经济复苏的进程，进而通过全球产业链、供应链、国际需求的渠道延缓中国经济的复苏进程。

第二，由于海外疫情的蔓延，世界经济复苏前景不明朗，我们要陪着其他国家走完疫情扩散的全过程。

第三，在这样一个全球贸易局势紧张、叠加疫情蔓延的冲击下，经济"脱钩"、金融"脱钩"的逆全球化暗流涌动，这有可能会对人民币国际化造成一定的阻碍。

第四，会有资本流动的冲击。这次主要经济体都采取了财政、货币刺激政策来应对疫情造成的冲击，但是全球宽流动性、低利率的环境有可能会给中国带来资本流动冲击的风险：一是资产泡沫的风险；二是有可能会吸引外资流入导致人民币汇率过度升值，给实体经济部门带来较大压力；三是大家担心外资大量流入以后会推动国内杠杆率的上升，导致信贷的膨胀，债务的可持续性问题会更加突出；四是外资大量流入可能会导致国内经济过热，物价稳定受到挑战；五是出现资本逆转的风险，这在很多新兴市场国家和发展中国家屡见不鲜。

稳步推进人民币国际化，而不是加快

我个人认为人民币国际化是一个水到渠成的渐进过程。国际化货币有三个层次：第一层次是中心货币，唯有美元是中心货币；欧元、英镑等其他可自由兑换的货币都属于第二层次的次中心货币；像新兴市场国家、发展中国家的货币是不可自由兑换的货币，属于第三层次的外围货币。人民币的国际化正处于从外围货币向次中心货币、从区域性国际化货币向全球性国际化货币、从支付结算货币向计价和投融资货币的爬升阶段。

2020年四五月时，中央发了两个非常重要的纲领性文件，里面谈到人民币国际化问题时，都是讲要稳步而非加快推进人民币国际化。

怎么稳步推进呢？我觉得有这么几点。

第一，要坚持推动制度型对外开放。这要把握两点：一是注意把握好稳中求进的工作总基调，坚持在风险可控的前提下稳步推进对外开放，不要过于激进；二是要及时提升成熟的投资自由化、便利化措施的立法层次，这也是增强国际投资者信心、吸引长期资本流入的重要手段。

第二，增强对市场波动的容忍度。开放对不同经济体的经济和政策含义不一样。对大型开放经济体来说，可能它的承受能力相对比较强，这就是为什么中国在金融开放问题上，比一些小型开放经济体采取更加进取立场的一个主要原因。

所以我们要以平常心看待外资在金融市场的进出以及由此引发的股市、债市甚至汇市的价格波动。当然，这份自信是建立在数据清、情况明的基础上，我们在开放的过程中要加强统计工作。

第三，坚持内圣外王，做好自己的事情。人民币的国际化不是针对"去美元化"，更不是取代美元。人民币国际化是一个顺其自然、水到渠成的过程。我们把自己的事情做好，大家也会逐渐接受、认可人民币，这就变成中国作为大国的一个溢出效应。

第四，坚持用发展的方法解决前进中的问题。一是加快国内金融市场的发展；二是有序扩大金融业的双向开放；三是继续完善汇率形成机制；四是健全宏观、审慎的管理框架，现在国际社会逐渐认可应该采取一些价格手段、市场工具来逆周期调节跨境资本的流动。

人民币国际化对于企业的含义我觉得有三个方面：

第一，增加了汇率避险的工具，当然这取决于企业是否在市场上有定价权；

第二，可以减轻对美元结算的依赖；

第三，人民币国际化以后，企业多了一个投融资工具的选择。

中国经济的近忧与远虑

　　突如其来的新冠肺炎疫情给中国经济造成了前所未有的冲击，一方面，国内疫情防控常态化，消费"重启"面临极大压力，需求难以大规模释放；另一方面，全球疫情持续蔓延，出口受阻，外贸大幅缩水……推动经济发展的"三驾马车"中的消费、出口承压，各地启动的新投资计划是否可以消解疫情对经济的冲击？是否存在隐患？在疫情防控常态化下如何有效拉大内需？如何着眼长远解决中国经济的深层次问题？短期刺激与长期健康发展如何平衡？

　　武汉当代科技产业集团股份有限公司董事长艾路明，中国并购公会创始会长、金融博物馆理事长王巍，中泰信托、大成基金董事长吴庆斌，国务院参事、友成企业家扶贫基金会副理事长汤敏，国民经济研究所副所长王小鲁，中银证券全球首席经济学家管涛，国务院参事室金融研究中心研究员、前银河证券首席经济学家左小蕾七位企业家、经济学家和金融专家就中国经济的近忧和远虑进行了一场高智识的对话，财新传媒常务副总编辑、财新网总编辑张继伟主持了本场论坛。

　　张继伟：2020 年（我国经济）不仅受到疫情的影响，还受到外部环境，比如中美关系的影响。请各位嘉宾讲一讲未来的经济走势，并从各自的角度谈一谈近忧与远虑。

　　艾路明：未来几年，压力会越来越大，我们还是要对产业本身保持高度的关注。如何在今天这样一个市场环境、国际背景之下，使企业能够持续地保持增长动力？我认为我们需要不断提升创新能力、核心技术能力。根据过去几年的状况，我们认识到仅仅通过外延式的市场扩张来推动企业和产业的发展是远远不够的。让企业在所从事的领域里，拥有自主知识产权的产品，才是未来最重要的发展方向。

王巍：我有两个观点。第一，我们过去很少提"循环"，突然定位"内循环"和"外循环"了，是因为社会是进化的、发展的、多象限的，但现在好像形成了一个闭环了。循环是我们需要重新思考的问题。另外，"内循环"之所以重要，恐怕是"外循环"出问题了。那么，"内循环"是防守之举，还是再走出去，可以再观察。这些问题要不想清楚，我们的创新方向、下一步的应对政策，还是值得考虑的。

这次疫情，受打击最大的领域多与传统行业相关，与民生相关，与民营企业相关。近一二十年，我们始终在谈怎么解决民营企业的融资难、国有企业的困难等问题，现在看当然有了很大的进步和改善，但是核心东西没有太大变化。我个人感觉，民营企业的融资、市场准入、公平竞争和观念歧视等问题，不见得是多少个政策文件就能解决的，但若民营企业家能互相抱团，与政府不断地合作，定会慢慢形成比较好的"内循环"。

汤敏：2020 年可能是一个大转折的年份。人类百年来没有遇到如此严重的疫情，也不清楚到底还会持续多长时间，所以我们要做好与疫情长期共存的准备。即使没有疫情，中美之间的贸易摩擦、科技竞争甚至未来的金融较量也难以避免，又是一个百年大变局。我们想用原来的方式迈过这个坎儿，看来不太容易。现在，一系列变革正在筹划，慢慢展开，企业家也在摸索中。中国在疫情防控方面已经走在世界前列，有了这个基础之后，其他方面的发展应该更快、更大，要认真思考下一步怎么走。在防疫上切记过犹不及，以免付出不必要的代价。现在全世界也都在探索与疫情长期共存的方式。

王小鲁：中国的疫情防控取得了明显成效，经济也走向复苏，但是情况并不是很乐观，困难恐怕还会有很多。

从内需方面看，内需没有回到稳定增长的轨道，对未来的经济走势是一个不确定的因素。我们需要回到正常的轨道上，让消费需求成为支撑经济增长的主要动力。因此，改善民生就显得非常重要。

从投资方面来看，短期内为了恢复经济，政府扩大投资是必要的。但是我国也存在一个常见的问题，就是很多人认为只要讲拉动内需，就只有政府投资和货币宽松这两条路。这样做好不好？政府投资在短期内确实能够拉动经济增长，但同时也面临一个重要的问题，就是结构失衡。结构失衡是一个非常严重的问题，它会导致投资过度和消费不足。

未来，我们应该把民生放在第一位，把恢复结构平衡放在第一位，把投资率适度降下来，把消费率恢复到合理的水平，这样才有利于维持经济的持续增长。为了实现这个目的，现在的财政政策、货币政策都需要做一些调整。与发达国家和一部分中等收入国家相比，我们的政府支出中，民生支出的比重偏低，而投资支出、政府行政管理支出则过高。转换目前的政府支出结构，对拉动民间消费能力、拉动内需的好处非常大。

当然，还有一个重要的问题，就是为了回到长期持续增长的轨道，我们仍旧需要通过改革来解决一系列的结构问题和体制问题。

管涛：2021 年我们可能面临什么样的情况？由于 2020 年年初的经济大幅下挫，所以 2021 年经济可能会有 8%、9% 甚至 10% 以上的增长，意味着我们的产出缺口为正，这对宏观调控是一个新的挑战。因为这一轮的经济周期和以前的经济周期不一样，这次是公共卫生危机造成的对经济的冲击。下一步宏观调控怎么应对？是不是跟以前应对正常的周期一样，达到一定的增长就开始紧缩？这需要我们认真思考。

上半场和主要经济体相比，无论是财政政策还是货币政策中国都没有大水漫灌，这叫宏观经济政策定力。下半场的宏观定力政策就是要平衡好稳增长和防风险的关系。现在市场对下半场的宏观政策有很多猜测，有关部门也要考虑一下怎么引导市场预期，不但要说给老百姓听，更多地是要说给企业家听。政策摇摆不定也不利于稳定营商环境。

左小蕾： 我先说近忧。我们经历了一场公共卫生领域的大危机，这个危机可能会让我们遭遇 20 世纪 30 年代大萧条以来最大的经济衰退。虽然从目前的经济数据来看，中国现在的经济已经超预期恢复正增长了，但是实事求是地说，中国经济远没有恢复到正常状态，还有很多问题。

第一个问题是增长的不均衡，供给大于需求，但是经济要持续、稳定的增长，一定是需求作为拉动的主体。目前，需求的缺口很大，远远没有达到常态化增长，增长部分也主要来自强势推动。第二个问题是就业。如果我们想让经济平衡、平稳地增长，就需要保就业。因为大规模的失业是很严重的，老百姓失业了就没有收入，没有收入就没有支付能力，没有支付能力就无法消费。这些都是非常严峻的考验。而且，由于疫情和中美贸易摩擦的影响，我们的国际经济贸易大幅萎缩，"三驾马车"可能要变成以两驾为主，因此要做好充分准备。

我再说一下远虑。第一，疫情还要持续多久，我们至今没有科学的判断和分析，这给经济带来的风险非常大。第二，中美从贸易摩擦升级到金融较量、科技竞争和外交争议，这对中国是一个长期的影响。现在的政治、经济形势，不符合市场经济的发展态势，它打破了根据比较优势进行全球资源配置、形成全球资源产业链、世界共同发展的理想化模式。中国一定要做最坏的准备，然后去争取最好的结果。我觉得只有把"内循环"和"外循环"融合起来，互相促进，才是真正的成功，才能解决我们的远虑。

吴庆斌： 我先讲三个远虑。第一个远虑，我们的健康受到威胁是新常态。一直到 2020 年正月之前我还认为，现在医疗这么发达，对付一个病毒应该是手到擒来；新冠肺炎疫情暴发之后我才知道，根本不是那么回事，它打破了我对医药、对专家、对生物技术的一些认知。化肥、农药、转基因用得越多，对大自然、对生态环境的破坏越大，大自然一定会对我们进行报复。疫情防控可能是长期的，就算没有新冠肺炎病毒，也会有别的病毒。第二个远虑，此次疫情很明显地影响了人们的社交方式，我们变得更加保守了，对健康也更加重视了。第三个远虑，疫情导致全球化过程突然中断，改变了过去 40 年来经济发展的一些思路和想法，而且人心变了就再难扭转。

我再讲两个近忧。第一个近忧，这次抗疫国家花了很多钱，我们不知道这个数字具体是多少，却能反映出社会治理的成本高问题。第二个近忧，近几年，我看到很多企业破产了，这些企业也是实在没有办法了。我们提出来的无论是双循环、供给侧改革，还是跨周期调控都是办法，也是没有办法的办法。中国有句话叫"多难兴邦"，我们还有机会打翻身仗的，对中国的中长期发展我还是有信心的。

张继伟：在内、外部压力下，中国下一步的经济动力，特别是创新动力来自哪里？民营企业要如何应对？

艾路明：从国内抗疫的总体情况来看，民营企业确实走在了最前面。在武汉疫情防控的医疗物资保障和方舱医院建设上，民营企业都发挥了重要作用。经过 40 多年的改革开放，民营企业在市场上锤炼出了保障能力、市场能力。在抗疫中，他们不仅仅有社会责任，而且有能力承担社会责任。未来，中国经济明显遭遇困难的时候，我们应该怎么做？在目前的全球经济状况下，无论他国怎么封锁我们，民营企业依然应该以创新的姿态推动外向型经济的展开。"内循环"可能有某种程度的不得已，但是"外循环"极为重要，这就要靠民营企业的创新推动中国市场和民营企业走出去和全球经济对接；而不是一说"内循环"，我们就自己招呼自己。

疫情防控走到今天，我还是比较乐观的，2021 年年底中国可能会完全走出疫情。正如武汉市委书记王忠林所说，武汉是一个"无毒"的城市、一个干净的城市，医疗手段、医疗技术已经发生重要变化，防控好疫情的可能性很大。在这种情况下，民营企业还是应该把眼光放到全世界，把能力放在与全球市场的接轨上。

王巍：我简单地说三点。第一，中国要坚持改革开放。只有坚持改革开放，中国才有希望。改革开放是这代人的宿命，不能停下来。第二，一代人解决一代人的事。我们这代人经过40多年的奋斗走到今天，我们曾经熟悉的模式今天都变了，要重新学习。我很欣慰的是，在充满热血奋斗的年纪，我们为改革开放做了贡献，到了现在看不清的时候，我们也应该退休了。新一代有很多机会，比如大数据、区块链、人工智能，他们一定比我们这一代做得更好。第三，我们要保持好的心态。欧洲这么多年没有发展，也活得很好。所以，咱们也要适应一下，不要太焦虑，给大家集体放两三年假，多做点公益和其他事，不给国家添乱。

汤敏：我们现在一谈创新，大家就会联想到5G、人工智能、高科技的创新。哈佛大学教授克里斯坦森曾经提出一个概念，叫"开辟式创新"（Market-creating Innovation），即开辟未消费市场的创新。这种创新就是打开下沉市场，或者是低收入人群的市场。这个市场是很大的。但现在市场上的产品，多是为了满足中产阶级需要而设计的。如何针对这一庞大人群，创造出新的产品，或是把现在太复杂、太贵重的产品重新改造，打进下沉市场，是我们需要思考的。拼多多就是一个很好的例子。

用开辟式创新的方式把下沉市场做好，不仅可以扩大生产，也可以增加人的幸福感。这个路一旦打通，我们的产品也能打开"一带一路"沿线国家，甚至是欧美国家的低收入群体市场。因此，我们要改变对创新的认知，开辟未消费市场的创新有时比高科技创新更重要。

王小鲁：政府和国有企业在军工、航天等领域的科技创新方面起了很重要的作用，基础理论的发展主要靠政府推动。但创新绝不仅仅是政府和国有企业的事情，大量的创新来自民间、来自市场、来自民营企业。这种情况应该是一个常态，今后中国要走创新的道路，主要还是靠市场、靠民营企业以及各种类型企业的积极参与。现在的市场环境还有相当多的问题是不利于创新的，比如竞争条件不公平、小微企业融资困难、知识产权保护不足等。如果能够推进这些方面的改善，打造一个更好的、竞争更公平的市场环境，就有利于各类企业不断地推进创新。这条路的前景还是非常广阔的。

张继伟：前几位讨论创新比较充分，接下来三位嘉宾可以谈谈"内循环"下的金融政策选择。

管涛：目前，谈财政、货币政策的协调非常具有现实意义。第一，疫情导致经济下行，企业和家庭都非常困难，杠杆率上升得很快。如果让企业、家庭自己修复杠杆率，可能进程会比较慢。这时，通过财政分担一部分疫情造成的损失，有利于帮助家庭和企业资产负债表的修复，有利于提振消费需求和投资需求。

财政政策解决企业和家庭的开支问题，货币政策解决借贷问题。两个政策虽各有侧重，但若相互配合，更有利于精准发力，共同解决企业和家庭的一部分困难。如果完全通过银行渠道来放贷，又缺乏有效的风险分担机制，实际上不利于调动银行的积极性。国际上也有一些应对策略，这方面可以进一步探讨。

左小蕾：财政政策和货币政策互相配合，当然非常重要，因为资源整合可以强化效果。在当前的特殊情况下，我们要有一个共同目标。目前什么是共同目标呢？就是 2020 年"两会"[①]提出的"六保"。"六保"为什么重要呢？因为完成"六保"目标的过程本身就是一个消费平衡的"内循

---

① 中华人民共和国全国人民代表大会和中国人民政治协商会议的简称。

环"，这也是消费平衡的过程。"两会"报告为什么提出新的市场主体？调查表明，2018年的一千多万个新增就业，是由个体工商户和微型企业创造的。在疫情的影响下，就业压力非常大。在这种情况下，要稳住市场主体，政策就要发力，比如出台一些扶持中小企业的政策。

与此同时，财政政策可以在稳定市场主体方面做一些事情。比如，银行给企业贷款了以后，是不是可以贴息？是不是可以由政府来担保基金？我们还有一个很大胆的想法。很多数据显示，一些微型企业的盈利水平很高，甚至超过中型企业和大型企业。为什么不能创造一个以分红为主，而不是以上市为主的股权投资概念，帮助具有成长性的企业高速发展？在这方面，财政扶持资金和一些其他的财政资金，有很多事情可以做。总之，我们要创新。

吴庆斌：货币政策目前太猛，钱印得多，必然会推动股市和房市。为什么房市调控一直没有放松？因为钱多了就会去这两个地方。现在的财政政策也很猛，国家还要救市。但问题是，财政政策给到了政府，政府没有全部给到企业，而是将部分用于解决民生问题，解决"六保"问题了。实际上，企业能够创造价值，企业发展好了，有些问题自然就解决了。所以，我希望财政政策能更直接地帮助市场主体。

第二篇

企业面临空前挑战

————————————————————

　　破云而出的永远是光。在不确定性已经成为常态化的今天，如何在不确定性中寻找确定性、创造确定性，已成为企业经营的本质，也是企业家必备的本领。"一招鲜，吃遍天"的时代已经不复存在，当下的每时每刻，都是机遇与挑战并存，只有管理好这些"不确定性"，企业才能迎来崛起的机会。

防范"去中国化"的全球化

文 毛振华 中诚信集团创始人、董事长
中国人民大学经济研究所所长

疫情短期冲击，经济下行压力加剧

疫情对经济生活的影响是全面的，三大产业都受到了很大的冲击，第二、三产业受到的冲击尤为突出。第二产业大幅下滑主要是疫情之下工业生产的供应链受到了影响；第三产业以中小企业居多，因此中小企业受到的影响也很大。

中国经济面临的挑战前所未有

如果我们要看未来的经济走势，还要继续看疫情的走势。在疫情全球蔓延的情况之下，中国经济面临的挑战是前所未有的。我有一个简单的分析。

（一）外部风险

中国早就是一个参加了全球分工和合作的国家，并且出口、全球化一度是我们经济成长的一个非常重要的动因、拉动力。现在外部格局出现很大的扰动，我们的压力非常大。有几个大方面的问题需要我们关注。

第一，全球的需求降低。疫情导致经济下行、收入降低，人们消费倾向下降。过去，全世界的外贸需求里有一部分是满足非刚性需求的，特别是中国的出口，很多都不是刚需产品，因此非刚需产品的出口遇到的压力很大。全世界的外贸需求降低了，对中国的进口需求也就下降了，中国的产品出不去。2018年，在全球贸易低迷的背景下，中国再次成为世界第一大贸易国，这是因为其他国家下降得更厉害，所以中国反而成了世界第一大贸易国，这叫作衰退性出口、衰退性贸易增长，未来这种情况还会继续发生。

第二，全球产业链面临重构，这加大了中国经济转型升级的压力。全球疫情发生之后，能源、交通工具都停止了运行。过去我们的产业链是全球配置，一部手机乃至一个电脑的配件均是在全世界不同的国家加工、组装，现在这个产业链发生了问题。有些地方的货可能无法运出去，有些地方可能没有工人生产。在这个背景下，全球的产业链就会出现重构。中国过去是全球产业链供给环节中一个很重要的国家，现在看来，未来不容乐观，其他国家会不会找到一个新的产业链供应方？

第三，"逆全球化"中的"去中国化"。我们要防范"去中国化"的全球化，这对我们来说特别不利，2019年美国挑起的贸易摩擦就是美国"去中国化"的全球化一部分。我认为中美贸易摩擦只是中美关系的前哨摩擦，它分为三步，第一步是贸易摩擦，第二步是"脱钩"，第三步就是试图把中国拉入与美国的新一轮冷战中。在"脱钩"的基础上形成的新冷战是什么意思呢？在全球化的背景下，美国将会动用他的盟国体系，在政治、经济、文化等除军队以外的其他领域中角力，而美国的盟国基本上都是发达国家。美国希望拉着这些发达国家跟中国"脱钩"，实际上就是形成一种经济格局和封锁。美国采取的措施表明，他就在琢磨这件事，一方面，他好像在到处"退群"，但他退的主要是中国在里面起作用、得益的"群"；另一方面，他在自己的框框里和北美、加拿大、墨西哥、欧盟、日本、韩国、东盟等想推动零关税的主要经济体构建一个新的全球化体系。相比于美国想要构建的新全球化体系，WTO本身就成了一个高关税区。如果美国的阴谋得逞，WTO里的国家跟全球主要经济体就成了两个体系，这对我们是不利的。

我觉得，疫情早期美国率先对中国采取了隔离政策，其实就是在做一次对中国"脱钩"的压力测试，并且把这个测试展现在他的盟国面前，看看美国有多少东西是一定需要中国的，或者说在中国不参加全球供应链的情况下，美国要付出多大的成本。如果他对得到的测试结果比较满意，我们未来的运行会有很大的压力。中央也做出了判断，现在可能是中国历史上最困难的外部环境时期，即"去中国化"的全球化。

（二）国内面临的风险和压力

首先，国内防输入、防反弹压力持续存在，这加大了经济复苏压力。国内主要是疫情的问题，我们在疫情上半场打得很成功，但是疫情还没结束，没结束就有可能出现各种情况。国内现在面临着防疫常态化，尤其要防止疫情的二次大反复。如果出现了大反复，我们前面的防疫成果就会毁于一旦，并且未来的经济生产会遇到很大的压力。所以在这种背景下，一切工作还是要考虑在能够稳定防疫的基础上进行，所以我们的企业还是面临着非常严峻的防疫形势。

关于疫情防控，我再多说几句。有人说国内疫情会出现反复，但是我觉得没有那么大的压力，主要有两个原因。第一，归根结底有症状的感染者的危险最大，中国能够成功收治所有发热病人，这一点我们做得很好。我们的这套体系在应对输入性疫情的时候，是很有力量的。从应对国内疫情可以看出，我们的这套防控体系，特别是在行政能力、基层布控能力、网格化管理能力上，是全世界其他国家不具备的。对未来出现的症状者，我们还用这个办法继续做，发现即收治，斩断传染源。第二是现在中央提出的"应检尽检，愿检尽检"对于识别无症状感染者具有重要作用。

但是，我们仍然不能掉以轻心。要确保疫情不二次暴发，我建议同时也呼吁，要尽量低成本推动全民检测。由于无症状感染者的出现，我们不能够随便或者轻易对防疫问题下结论，因为我们早期没有把无症状感染者的研究作为一个重点，现在这一课我们要补，并且我们有能力做得更好，因为我们有防控基础，我们有很好的防输入能力和斩断传染源的方法，也建立了大量的个人数据库，这个基础西方国家没有。在过去严格的网格化管理过程中，我们拿到了全国每个居民的移动信息，如果我们把全世界每个人的检测结果放到手机上，的确会有很多问题，包括隐私、人权问题，等等，但在中国，在我们现有的框架下可以做到，而全面检测又避免了广泛的隔离，也有利于复工、复产的推进。

其次，疫情冲击下的居民消费曲线也在下移，即消费者水平、消费者期望值、消费能力都在下移。除了生活必需品，其他消费全面下降，更重要的是，现在失业率的上升幅度很大，即使没有失业，很多人的收入也在全面下降，这都会影响消费，这个影响可能是中长期的。

再次，政策稳增长可能会导致债务风险再度加剧。中国经济本就处于一个双底线思维时期，一方面要防风险，另一方面要稳增长。从 2008 年中国经济开启"债务—投资"驱动模式以来，一直在累积风险，风险一直没有被彻底消除。从 2016 年开始到 2018 年，政策重心转向防风险，风险累积的速度有所减缓，但我们依然不能放松。这里面最大的问题就是债务风险，债务如果不能得到如期偿还、如约偿还，就会出现由债务风险引发的金融危机和经济危机。这次疫情使得很多企业还不了债，出现大量的违约情况。为了拯救经济，政府又进一步投放货币，金融机构以债务的方式把钱借给企业，这会进一步提高杠杆率，要警惕过度加杠杆对未来造成的负面影响。

宏观政策要着力保企业、保民生

现在中央在"六稳"的基础上提出了"六保"，其中除了保居民就业和稳就业一脉相承且均被置于首位外，其他都不完全雷同。实际上，把就业作为核心是很正确的做法，中央也出台了很多相应的政策。关于如何做好"六保"，我主要有以下几个方面的建议。

在淡化 GDP 增长目标的背景下，建议各级政府把工作重点放到民生上。我建议给全国贫困地区人口和武汉地区的人口发补助，其他省也可以结合自己的情况、根据自己的财力发放一笔钱给居民。发放的时候我建议给每个公民发放，而不是看贫困程度；同时可以建立一个基金，鼓励有钱、有能力的人把自己拿到的钱捐出来，把它变成一个居民的基本权利。

另外，"六保"工作要把保中小企业作为重点。因为中小企业是保就业的主体、保基层运转的主体、保民生的主体，是很多人的收入来源。

还有，要适当提高疫情容忍度，加大复工、复产的力度。现在每个地方都把疫情防控作为重点，出现问题就可能被追责。如果不提升疫情的容忍度，复工、复产的力度就达不到，而提高容忍度的前提就是做好检测，分类管理人员。在当前情况下，我们还是要推动全民检测，检测是现在防疫工作的重中之重，只有检测完备我们才能够对复工、复产有信心，才能够对防控疫情有信心。

【提问环节】

Q：疫情后外贸大幅度下滑，中国重回自转状态的危险度也在提高，您怎么看？

毛振华：我觉得中国自身是不可能选择这个道路的，因为中国现在是一个消费大国，我们的原油、大宗产品、很多高新技术都需要与全世界进行贸易交换，闭关锁国没有道理。但是如果西方国家、发达国家利用各种条件制造矛盾，甚至想孤立我们，这就是另外一个问题。

如果走孤立主义道路，就我们国家目前的情况来看，会延缓中华民族伟大复兴的进程，虽然最终我们也有可能会解决所有的问题。中国过去是全球化的一个重要得益者，是改革开放的得益者，我们要认真吸取和总结过去的这些经验。当时在一个极端困难的情况下，我们都能破除封锁，使中国融入全球化的格局，今天我们与全世界有那么紧密的联系、有那么紧密的互补关系，我们更应该有能力和信心。我觉得我们的最高领导人在这方面的论断是很英明的——"有一千条理由把中美关系搞好，没有一条理由把中美关系搞坏"——这是一个非常正确的判断，这不是忽悠美国人和全世界，而是讲给全党、全国人民听的。

Q：您如何评价新基建计划及其对企业竞争格局的影响？

毛振华：应对这次危机，我的主导思想还是希望国家花更多的财力来扶持民生，让民生成为资金的主要用途，因为这笔钱会转换为消费，消费会搞活企业，特别是中小企业。我觉得大型基建大多是中长期项目，在正常的情况下，有序推进我们的大项目是应该做的事情，本来我们也一直在做，再加大一点力度也可以，但是现在这个情况下不要挤占我们救济民生这条线上的资源。

长寿时代，未富先老谁买单

文 陈东升　泰康保险集团股份有限公司创始人、董事长兼 CEO

我们一定要认识到数据时代、长寿时代并存的一个新的社会现象即将来临，这是我们人类面临的挑战和压力，也是人类社会将面对的巨大课题。

百岁人生即将来临，人人带病长期生存

我们对长寿时代的深刻认识就是两句话：百岁人生即将来临，人人带病长期生存。

百岁人生即将来临很好理解。现在，日本人均预期寿命已经达到 84.5 岁，世界上预期寿命最长的地区是中国香港，已经达到 84.7 岁，其中女性 87.6 岁。根据 1950 年以来主要发达国家的经验，人均预期寿命每 10 年增长 2~3 岁，中国现在是 77.3 岁，如果按照这个趋势，再过 50 年的时间，我们的预期寿命可能就超过 90 岁。所以百岁人生来临就在眼前，不是很遥远的事情。

人人带病长期生存怎么理解呢？有数据统计，我国 60 岁以上的人患有慢性病的占比超过 75%，患有两种及以上慢性病的人占比达 48.81%。所以基本从 60 岁开始，超过 3/4 的生命是伴着疾病生存的。

长寿时代有五个特征：低死亡率、低生育率、预期寿命持续提升、人口年龄结构趋向柱状、平台期的老龄人口占比超越 1/4。

低死亡率是因为物质财富的充足和丰裕、营养的改善、公共卫生的

普及，还有科技的进步与医疗的发展。过去人类最大的杀手是传染病，因为有了抗生素，人类的死亡率就大大下降。现代社会的另一大杀手就是心脑血管疾病，而随着医学的进步，心血管、脑血管病死亡率也大大下降了。现在的癌症，随着生命科学、免疫学、大分子精准靶向治疗新药的发现和发展以及人们对癌症的认识逐渐提高，也会逐渐成为一个慢性病。

低生育率是一个综合的社会现象，主要是因为随着工业化、城市化的发展，女性越来越独立与职业化，同时避孕技术也得到发展与普及。正因为低死亡率、低出生率带来了人的寿命的延长，人口的结构逐步从金字塔形转向今天的柱状结构，最后导致的结果是整个社会未来每四个人就有一个65周岁以上的人，真正进入一个长寿的时代，也就是我们讲的长寿社会。

长寿时代：一场观念的革新

长寿时代是人类社会进入的一个新均衡。其实人类真正进入文明时代只有一万年时间。公元前8000年左右，人类社会进入新石器时代，也就是农业时代，那时候人的最高寿命为35岁，一直到工业革命来临的时候，全球大概是7亿人。工业时代是城市化时代、财富增长的时代、人口增长的时代、科技进步的时代，人口规模从10亿增长到现在的77亿，其实也就300年的时间。所以才有了马尔萨斯人口论，认为人口呈几何级数的增长，我们的粮食和资源负担不了。随着社会的进步、工业化和科技的进步，老龄化时代到来了，给社会带来了巨大的挑战和压力，又出现了消极老龄人口学。

今天对老龄化社会的所有认知和认识，都是站在工业时代、工业社会基础上的认识。我们提出的长寿时代，就是要对工业时代老龄化的认识进行一次彻底的重组，进行一次观念的颠覆，即进入第三个人口论——积极的人口论。我们很快进入一个长寿时代，人类社会将面临五个现象的挑战，我们的社会如何发展？再不能用消极的、等待的、应付的观点去看这些问题。所以我们也要来一次观念上的革命，提出长寿时代的理论，而不是停留在老龄化社会的概念上。长寿社会是中性的、积极的概念。老龄化社会是一个消极、被动的概念，是一种无可奈何的认识。我们要用崭新的思想、思维、方法、理念和理论，来取代工业时代对老龄化的认知。

长寿时代也伴随着数据时代。未来的长寿时代是建立在5G、人工智能、大数据的基础上。农业时代的生产力是以家庭为单位，生产要素就是劳动力和土地；到了工业时代，资本起来了，技术进来了；到了今天的后工业时代、大数据时代，我们的数据又成了重要的生产要素。所以在数据时代，我们的生产要素是土地、劳动力、资本、技术，再加上数据。数据是资本，数据是要素，数据是资源，数据就是当代的石油。

今后我们是享老，不是养老。我们推广泰康之家养老社区就是要发动一场伟大的养老革命，每个人的老年是享受的、高品质的、有内涵的，而不是为生存而活。我们讲的长寿时代，是让每一个老年人的生命有极高的品质，还要有丰富的精神内涵。

一般来说，一个地区65岁以上人口占总人口的7%就将进入老龄化社会，占到14%就进入深度老龄化社会，占到20%就是超级老龄化社会——我们说老龄人口占总人口的25%就算进入长寿时代。今天的日本就是一个长寿社会的活样本，截至2020年9月，日本65岁以上人口的占比达28.7%。2019年，日本出生的人口跌破90万，死亡的人口却近140万，按照这个速度到21世纪末，日本的1.26亿人口可能会下降到8000万。

预计50~70年后，人类社会整体将进入一个新均衡阶段。就像过去1万年的农业文明社会人口长期保持平衡或者缓慢增长一样，这样的一个时代可能 50 年后就要来临了。未来人类应怎么面对这样一个新的时代、新的挑战？这是摆在所有的政治家、经济学家、企业家以及各界社会人士面前的一个课题。

所以我认为，未来的数据时代、长寿时代双轨并存。今天，我们所有的社会关注焦点都在讲数据时代、5G、人工智能、大数据，却忽视、没有看到一个更大的挑战、一个更大的社会现象出现——长寿时代的来临。我们所有有远见的政治家一定要认识到数据时代、长寿时代并存的一个新的社会现象即将来临，而这是我们人类面临的挑战和压力，是人类社会将面对的巨大课题。

长寿时代呼唤长寿经济

长寿时代就是健康时代。年龄越来越大，慢性病就会缠身，慢性病就需要每天吃药和过一段时间看医生，所以社会的医疗资源大概 60% 是要给老年人。过去人类死亡的杀手包括车祸、传染病、癌症等，现在人类的最大杀手是慢性病。这是人类社会进步的结果。长寿时代带病生存将成为普遍现象，所以健康产业一定会成为推动社会经济进步的重要产业。

当然，要想长寿和健康，就需要充足的财富支付，所以长寿时代也一定是财富时代。日本 60%~70% 的财富掌握在老人的手上。老人的理财观念非常保守，基本上是存银行、买债券，巨大的财富产生不了经济效益。这笔巨大的财富应该用来投资，用来支持创新、创业，创造财富。我们的"幸福有约青少版"就是老人给孩子从小储备资金，通过泰康进行不动产和社会基础设施以及新兴产业的投资，实际上是一种财富的革命。即从小给孩子攒养老的钱，然后交给泰康这样的专业机构进行社会财富的布局，提升社会资金的数量，推动社会经济的发展。

长寿时代需要发展长寿经济。不要以为到了长寿时代经济就停滞了，其实是整个社会经济结构发生了变化。中国正在快速进入长寿时代，老龄人口数量大、老龄化速度快、未富先老是中国老龄化的三大特征。

泰康方案，长寿时代的中国样本

农业时代是以家庭为细胞，工业时代经济发生了变化，以工厂和公司为生产单位。工厂和公司追求的是规模经济，规模经济发展的结果就是专业化分工。

我们进入长寿时代、数据时代后，工业时代的现象又会被解构。数据时代的最大特征是什么？是共享，是生态。泰康就是典型的共享经济平台，我们的健康财富规划师（HWP）和80万代理人是老板，跟我们建立了一种合伙的共享经济。泰康打造的是一个大健康的生态，是在用大健康的生态关爱每一位客户的家庭、家族，提供从老到小全生命周期的养老、健康和财富方案。

现在，我们的一生可以分为教育期、奋斗期和养老期，有收入和支出两条曲线。大概在大学毕业开始赚钱到退休，我们赚的钱都是为了孩子教育、老人养老以及准备我们自己老年的健康和养老。衣食住行当然是生活必备，但最大的支出是教育、养老、健康的支出。美国2019年医疗支出的GDP占比已超过17%，是美国最大的产业。

古往今来，不管是东方文明还是西方文明，人类都在追求长寿、健康、富足。所以我也在讲，人类的终极目的是什么？每一个人忙忙碌碌为的是什么？人类追求的终极目标就是社会的和谐、家庭的幸福、自身的健康。我们所有的行为应该为这三个目标奋斗，泰康就是为这三个目标而生存。

金融市场一地鸡毛

文 汪静波　诺亚财富创始人、董事局主席兼首席执行官

　　我想，疫情后重建不仅仅是打补丁，而是真正提升一个层次，能够因为经历了疫情而有更多的反思，让公司更上一个台阶。

　　诺亚财富也是一个全球化的公司，我们在海外的业务大概占到30%。当武汉疫情非常严重的时候，我们就开始思考，怎么与海外的同事沟通，因为他们还没有经历这些，很难感同身受。所以在互动的过程中，大家会遇到很大的挑战。

　　作为一个管理者，我觉得我们会碰到很多问题，但我们不能袖手旁观，而是要真正有所行动。

　　不同的公司受疫情的冲击程度可能不一样，比如很多线下场景消失了，未来有可能恢复速度比较慢，特别是商务、旅行，大家更多会在线。其实有时候在线和在家办公、开会的效率还是非常高的。有一些场景也许已经恢复了，但是我们觉得它不是生活必需的，所以很容易把它砍掉。当然，我们也看到了非常多的受正向影响的公司，包括云计算、数字经济。总体来说，我认为财富管理行业还是受益的行业。

　　2020年发生的很多事情都是我们过去从来没有经历过甚至是不敢想象的。以前，我觉得我们公司的国际化做得卓有成效，但是当飞机不能起飞时，我们才发现，其实在端到端的商业模式上，有很多都没有真正想透。所以我觉得，这一年不仅检验了一家企业的免疫力，还考验了复原力。基本上我觉得，2020年整个中国的企业、企业家都是离开旧跑道，迈入新赛场。其实，最重要的是当新环境、新市场、新客户甚至市场运营

的操作程序都被更新以后，怎样把我们对市场的洞察、认知同核心团队达成共识？达成共识以后，又如何能全员对齐、与客户对齐？我觉得这是一件非常有意义、很重要的事情，但是挑战很大。

如何成为金融行业的明白人

金融服务行业很难做，从2018年整个去杠杆到2019年金融行业大整顿，诺亚在2019年也碰到了很多非常大的挫折，2020年又出现了新冠肺炎疫情，这些都让我们有深刻的反思。

金融服务和财富管理行业很独特，过去我们以客户需求为首位，但随着时间的推移，我们发现有时候客户的需求不一定是对的，或者说客户的需求相对比较短期，而作为一个行业的从业者，我们如何用正确的方法去满足客户的需求就变得非常重要。

这个行业非常广，不光是投资者、监管者，甚至是从业者，包括非常多的行业大佬，也很难判断出一个产品或服务的真实水平。我们也看到，在2019年不管是P2P（peer to peer lending 或 peer-to-peer，意即个人对个人或伙伴对伙伴，又称点对点网络借款），还是非标类固收的一些以资金池为核心的产品，都可能存在超级大的风险，但客户只会觉得这个体验非常好，不太知道底层是怎样的资产。

另外，总体来说，金融行业的从业者获得的报酬也比其他行业要高，但产品和服务的定价没有完全和客户的利益挂钩。比如你做一个资管或者基金，可以收管理费，但是管理费不是完全和绩效挂钩的。

当我们从事这个行业时，是需要问自己一些问题的，即什么样的产品或者服务是这个行业的大道和正道？我们如何真正保护客户的财产并让它保值增值？

同时，你要看长期还是短期，从长期来看，哪些金融资产可以让客户持续、有效、安全、可靠地增长？另外，因为在中国40多年的经济高增长过程中，大家可能基本上都没有亏过钱，所以这个市场也充斥着各种似是而非的声音。

金融行业有其独特性，它是一个高度严格监管的行业。在经济下滑的时候，我们会看到很多问题是我们过去无法想象的，但是它真的在这个行业实时发生。所以我经常在公司内部提出，我们真的要去灵魂拷问，自己是不是行业的明白人？我们有没有从事金融行业的基因？我们怎么理解，如何用自己的专业能力承担对客户的受托责任？如果我们做不到这些，或者没有答案，还不如放弃这个行业。

我上次看到一个数据，它说P2P大概有1万亿元的规模，这个对我来说还是比较震撼的，因为我觉得它本来是一个小市场，但是为什么在中国会有这么大的量？这确实值得我们每个人反思。一方面是客户有需求，另一方面是金融科技在推动，让交易变得更简单，还有就是我们没有理解这个行业的底层及基本逻辑。

要成为这个行业的明白人，我觉得并不容易。因为金融行业离钱很近，非常容易受到诱惑，所以我觉得，真正的行业明白人是要有意识杜绝一切屁股指挥脑袋的行动，建立起受托人的责任。把客户给我们的每一分钱都当作父母节省下来的钱，理解什么叫践行受托责任。

每一个投资者都希望他买的财富管理产品、金融产品没有风险，没有波动。但是我经常跟同事们说，投资不是存款，投资是有风险的。而金融的核心、从业者的核心就是通过管理风险来获得收益，而风险不能消除正是为什么我们要做资产配置，而不是集中把资产投注在某一个资产类别上的原因。但当你面对客户需求时，有时候可能会忘记，从这个角度来说，可能我们在道德责任上还不是行业的明白人。

金融界没有胆大的老年人

我从事金融业接近 30 年了，2012—2019 年我们可能经历了一个假的财富管理繁荣，主要的特征就是劣币驱逐良币，因为客户的需求是固定收益、没有波动，客户的需求永远是对的。但是我们这个市场上有超过 90% 的从业者，都是用错误的方法去满足客户正确的需求，所以造成了现在这个市场的一地鸡毛。但是如果没有经历过风险，我们就不能理解风险，投资者、从业者、监管可能都一样。从这个角度来讲，我认为 2020 年是中国财富管理的元年，新的竞争对手、新的战场出现了，最重要的是客户、从业者也被教育了，大家的敬畏之心越来越明显，所以我有一句话："金融界没有胆大的老年人。"

2019 年诺亚遭遇了一个大的欺诈案件，这让我们进行了深刻的反思和认知。

非标类固收，特别是单一资产类别，它的风险是隐性的，如果成功就可以获利 106%~108%；但如果失败有可能损失全部本金，因为它非常集中。而我们所有的高净值客户最重要的需求就是不要有资本的永久损失，所以从财富管理的角度来看，非标类固收产品不是最佳选择，但是这是最容易做出的选择，因为每个投资者都会问你有没有风险、最好不要波动。所以我们看到市场上大量投放的信托、银行，各种各样的以资金池为核心的固定收益产品，其实回看底层，可能都已经烂掉了。

从全球来看，财富管理是朝阳行业，需求非常大。但是全球满足客户需求的方法都和我们过去满足客户的需求方法不一样。这也是为什么 2019 年诺亚遭遇风险事件以后，我们主动退出了所有的非标类固收产品，我现在很庆幸，如果 2019 年我们没有退出，而是选择继续做，或者是退出速度不够快，2020 年可能会碰到更大的风险。

过去有很多民营企业都碰到了非常大的经营困难，现在破产重整的案例也越来越多。而大部分碰到困难的民营企业的经营方法，在过去的 10 年、20 年都是利用负债做大资产规模，依靠规模再提升估值，然后继续做大负债，即高杠杆 + 短融长投。

当周期来了、经济下行的时候，这个模式就必须得变，因为它没有办法通过更高的 PE 去覆盖其过去的债务，不管你有多大的流动性，但你的基础资产已经过时，它不能获利，没有创造新的价值，而以这些为基础的非标类资产就变成了有风险的垃圾债。

过去我们的民营企业家、房地产公司，确实非常成功，几乎没有失败过。但当市场悄然发生变化，地缘政治、出口的挑战出现后，我们的民营企业家变老了，他们内心很挣扎，因为他们发现过去的模式行不通了。如果模式没有改变，企业经营可能就会从盈利变成高负债率。

金融行业的门槛很高，而且特别难做。我特别害怕公司做投资的同事隐藏风险而不披露，因为他希望自己是完美的。我觉得在人设上，主观上要承认，公司和人都会犯错，客观上我们要用安全边际来保护自己。在投资管理、财富管理上，我们就是通过分散和流动性来弥补可能犯的错误，我们也不是一味地要求，不管是为我们服务的，还是我们自己做的投资和财富管理，都百分之百正确，因为这个真的很难达到。

2020 年是真正的健康、财富管理的元年。当然，2005—2012 年也是非常好的高成长阶段，那时候我们的产品非常简单：公募基金、股债。2012 年，银行全面进入财富管理市场以后，确实没有做特别多的投资者教育。而银行进来以后，基本上是以刚兑为核心，这就让客户养成了一些习惯——大家都没有了风险意识。所以 2020 年新冠肺炎疫情以后，我觉得在财富管理的元年，真正的非标转标是资产配置。

资产配置会从高净值客户的理财师、经纪人的配置，慢慢转向一些智能投顾，我觉得这个趋势比较明显。中国客户的全球配置和全球配置中国其实都是一个很大的趋势，会持续非常多年。同时我们又遇到了去全球化的过程，这又让这个过程变得更复杂和难以预测。

但是总的来讲，随着中国第一批企业家的变老和企业的变大，围绕客户的生命周期、企业的传承和全方面的综合服务需求确实是越来越明显。

为什么财富管理行业在疫情中是受益的行业？

首先，2019 年第三季度碰到风险以后，诺亚就开始全面地非标转标，即非标资产特别是固定收益、类固收投放是零。但是我自己看到的趋势是客户的需求变化超越了我们的预期，受疫情影响，2020 年第一季度客户的办公时间非常少，但我们还是取得了标准化资产增长接近 80% 的业绩。如果没有 2019 年的转型，可能也不会有 2020 年这样的一个成果。

其次，经过市场的洗礼，我们看到高净值特别是超高净值的客户越来越追求科学理财，在资产的筛选、组合配置、风险控制等方面都更有品质，客户的改变驱动了行业的改变。

再次，我们也看到主流的客户可能需要理财师的咨询服务，但是不愿意为咨询付费，所以产品驱动仍然有一定大的市场。另外，一些自主决策性的投资者成长特别快，所以我们也在服务更多的自主投资决策者。

此外，我们发现疫情期间，数字化转型的速度很快，以前大家觉得诺亚是一个传统的、线下的财富管理公司和资管公司，但是疫情期间，我们 99.5% 的客户从开户到下单都是全程无接触，所以客户的习惯改变是非常快的，可能超过了我们的预期。还有在疫情期间，客户投资理财的操作次数大幅度增加。

公募增长也特别快，前三名是占 60% 的股票及混合基金，有 15% 是指数型基金，保险产品和银行结构性存款占 10%。

我想特别谈一下股债混合。2020 年我们是把这个产品作为战略产品来推进的。为什么会这么做？主要还是因为客户有需求。全世界投放了大量货币，目前货币比较宽松，所以利率持续走低，但是公司的绩效也在降低。再加上过去，大家因为刚兑或隐性刚兑所买的类固收产品在市场上越来越少，资管新规也不允许再投放这样的产品，所以股债混合就变成了大家的优先选择。

保险其实增长得也很快，可能大家在面对危机时，都希望为未来储备一些能力、实力。

不用重来就会快，可以积累才是多

我觉得对于中国企业来说，敢想敢做，越是往前冲就可以得到越多。我很喜欢一句话：不用重来就会快，可以积累才是多。就像竹子的节一样，节越多，我们就更有韧性、更坚强有力。

在一个很极端的市场和环境下，我们需要重新思考，作为一家公司，你存在的理由，你有没有清晰的令人信服的客户价值的主张？在新的宅家办公模式上，你的科技和运营能力怎么样？提供的产品能不能为客户创造价值？这些产品进入市场的策略是什么？当然企业的免疫力也很重要，因为要保持强劲的正向现金流。

中国企业的数字化差在哪儿

文 彭俊松 SAP 中国副总裁、首席数字官

在疫情中，数字化技术经受了一个突发需求的考验，同时在生产端，全面复工复产难、资金短缺等问题将企业在数字化建设方面的薄弱点暴露了出来，由此引发了我们对企业数字化三个方面的思考：对当前数字化水平的评价、对未来商业模式趋势的预测以及对未来工作方式的重组。

我们思考的结果是，当前的数字化水平和我们的理想状态还有明显的差距，未来的商业模式会向低接触和零接触的方向发展，而未来的工作方式也会向更加智能化、无人化的方向演进。

数字化与企业追求的韧性相爱相杀

疫情发生之前，很多企业对自己的大数据应用、供应链管理、产品研发、员工管理都非常自信，但是经历这样一场大突变后，他们的信息系统、数字化建设暴露出了很多问题，这些问题非常值得深思。

因此，我们认为本次疫情给我们带来了一个非常重要的反思，即企业的数字化不能只局限于运用人工智能、大数据、物联网这一类高光的技术，来解决人群监控等浅层次的需求，要更加深层次地确保企业的经营安全，要做到在面对危机和相关影响时及时做出响应，帮助恢复业务，提高企业的风险防范能力。我们要能够应对紧急业务和满足临时决策的需求，同时具备快速交付相应的软件功能和进行数据分析的能力，让我们的业务人员、管理人员得到支持。我们要提升业务自动化水平，在风险来临的时

候进行自动化切换，而不至于因为某几个岗位人员的缺失而造成整个业务流程的瘫痪。

这其实都与企业的韧性相关。韧性就是从困难中迅速恢复的能力。往大了说，一个组织的韧性是一个组织在不断变化和日益复杂的环境中，抵抗、吸收、恢复和适应业务中断的能力以及能够实现其目标并反弹和繁荣的能力。随着越来越多的企业对传统业务进行数字化改造，甚至从传统业务转向数字化业务，我们需要更加关注如何应用数字技术提高组织的韧性。

数字化和企业追求的韧性目标是一对相爱相杀的关系。一方面在数字化背景下，我们追求的是万物互联，而万物互联恰恰会加大企业的风险，因为把产品、设备、客户、员工联结在一起，是一种放大风险的行为；另一方面，组织韧性框架又离不开数字化技术的支持。

比如，在国外发展了 40 多年的 BCM（Business Continuity Management，业务连续性管理），其早期时仅仅是面向 IT 的一个灾难备份，主要是用来给关键的 IT 设备、数据中心提供保护。其实在 1979 年，美国就有企业开始建立自己的灾备中心，但是随着企业业务的变化和新的挑战出现，很多企业开始对客户提供 7×24 小时服务承诺，开始将自己的业务流程做到全球化运行。这时 BCM 不只是做 IT 的灾难备源，而是要扩展到业务领域，对于各种各样供应链的中断、自然灾害、病毒的传播等，BCM 都要能够支持企业做出响应。

同样，在这样一个组织韧性框架中，除了业务连续性管理之外，还包括危机的管理与通信、财务健康、人力资源管理等，它们无一例外地都离不开数字化的技术支持。

从柔性向韧性供应链的转移是企业重塑竞争力的机会

现在很多企业在复工复产过程中，普遍比较关心供应链的韧性问题。供应链韧性虽然排在组织韧性框架的最后一个，但实际上，对很多企业的复工复产极为关键，很多媒体和企业称之为保供。但实际上供应链韧性的内容远远不止保供，从目前的情况来看，很多企业对保供的应对效果不太满意。我们认为，这里面固然有外部的因素如政府强制规定的各种交通管制、人员隔离等，但是企业的供应链管理、供应链表现，还有很大的提升空间。

造成这个局面的原因有很多，我们对比很多国外咨询公司的观点，发现了很重要的一点：企业在建设自己供应链的过程中，过于偏向对下游消费者的柔性，而缺乏对上游供应商的韧性。

很多企业都已经建设，或者正在规划建设自己的柔性供应链，希望通过提升供应链的柔性，尽可能满足客户的多样化需求。

对于上游的供应商来说，很多企业是尽可能用各种手段来降低流通的库存，缩短交货周期，降低采购成本。这种供应链建设只考虑了供应链的柔性，而忽视了供应链的韧性。

所以从传统供应链向新型供应链、从柔性向韧性或者是"柔性 + 韧性"的转换，已经势在必行。而实现这种转换所依托的技术之一，就是韧性的供应链。

传统的柔性供应链侧重于运用量化的、结构化的数据，根据短期的利益、成本、时间、效率等来进行局部的调整，而协作的方式更多的是以单向和单点沟通为主。新型韧性供应链要综合运用各种结构化和非结构化数据，更侧重于从中长期全局的角度，对企业近期和远期的目标、利益，包括抗风险能力，进行全方位评估和大范围调整。

从传统的柔性供应链向新型的韧性供应链升级，离不开企业数字化的建设。韧性供应链建设的一个支撑点，就是要对供应链进行连续的数字化的监控和智能，它所依托的是面向韧性供应链的设计、协同、管理文化、敏捷以及为供应链设计的生产理念。所以，我们认为从柔性向韧性供应链的转移，既是企业重塑自身竞争力的一个新机会，也是企业数字化建设面临的一个巨大的挑战。

在打造韧性供应链的过程中，不仅要建设一个大平台，同时也需要很多新的数字科技的支撑。对于这些数字科技，我们要长期的计划，要进行长期的建设。

这里的韧性供应链计划包括了多种新技术。

第一，将供应链计划的方法从确定性计划转向韧性计划。一味地提升计划的精度，并且为了计划的精度，加快计划运行的频率都是传统确定性计划的做法，这和韧性供应链计划的思路与逻辑是不同的。

第二，借助云平台。当我们遇到突发事件时，可以借助云平台迅速扩展我们的计算能力，支撑我们做更快的多个预测。

第三，利用数字化供应链对整个物流供应链的全程进行建模和模拟，提供连续的决策支持。

此外，还需要有各种各样新的决策分析技术和最新的机器学习技术做支持。所以说，韧性供应链对于数字技术的依赖性更强，需要投入更多。

中国企业数字化建设亟须加强

在这次疫情中，企业在数字化方面与全球存在什么样的差距呢？

第一，长期以来，中国经济的高速增长并没有反映到数字化的投入中。从 2015 年到 2018 年，中国 GDP 在全球所占的比例，从 15.5% 缓慢上升到 15.86%，这是非常不容易的。但是我们看到中国企业在 IT 上的支出占全球的比例始终保持在 3.5%~3.7% 之间，这意味着我们只用了全球 1/4~1/5 水平的 IT 支出来支撑企业的运转。而且当 IT 预算吃紧的时候，我们可能就砍掉一些项目、对业务的需求视而不见或者削减维护的预算，让已经出现的问题带病运行。毫不客气地讲，很多企业在 IT 建设上长期处于一个负债的状态。当市场向上发展时，这些债务都无须偿还；但是当一场灾难来临时，我们会发现能够依靠的数字化手段是那么地欠缺。

第二，长期以来，企业过于重视营销领域的数字化，在企业供应链管理上，缺乏系统性建设。从供应链管理软件在中国市场的规模、表现以及应用程度来看，我们只有凤毛麟角的企业在供应链管理上站在了全世界前列。所以，我们距离真正优秀的供应链管理还有不少的差距。

第三，企业级 SaaS（Software-as-a-Service，软件即服务，即通过网络提供服务）软件的应用偏低，降低了数字化应对的灵活性。SaaS 软件的特点是，只需要下载、注册，马上就能使用。这些软件不只是用于我们日常的会议，它也可以用在企业的研发、生产、销售和产品服务上。

企业级 SaaS 软件自 20 世纪 90 年代在美国市场出现以来，已经成为国外企业进行数字化建设的核心内容。企业级 SaaS 注册即用，让企业在业务系统上可以灵活选择。且因重大事件产生的新业务需求，也可以得到及时、灵活地满足。

目前，在国内企业级的 SaaS 市场中，很多企业只拿出营收的不到0.5% 来做 IT 支出，在这不足 0.5% 的 IT 支出中，不到 2% 是用于买软件的，80% 多用于买硬件，买企业级 SaaS 软件的支出甚至还不到工厂支出的 15%。而国外很多大企业是把年收入的 1.5%~2% 拿来作为企业的 IT支出，其中对于软件和 SaaS 软件的支持比例也远高于中国企业。所以当我们的企业面对疫情时，当我们有新的业务需求时，我们的企业没有办法去采购企业级 SaaS 软件，因为企业级 SaaS 软件在企业当中的使用需要有一定的架构、准备、连接和配合。

第四，目前很多数字化的建设缺乏集成。这表现在我们没有办法把从不同系统、不同来源中得到的数据连到一起，因此很难做出准确的决策。

三大方面打造企业数字化能力

实际上，从集成的视角来看，企业数字化建设可以分成几个不同的阶段，包括随机、觉悟、系统化双模、插拔即用等，其中系统化，也就是通过统一的软件采购策略来进行系统地打磨，是一个承上启下的关键。因为集成的前提、基础是标准化，而标准化就体现在软件采购的标准化、统一化上，在此基础上，我们再进行企业的创新、扩展。

所以，很多企业在数字化进程中，常常忽视国外这种集成模型当中五个阶段的连续性，轻易跳过系统化阶段，而直接采用第五阶段插拔即用的愿景，开发出很多烟囱、孤岛的系统。当我们面临不同来源的数据进行决策时，才发现基本上没有任何可以集成的可能，特别是在本次疫情中，我们白白损失和浪费了通过这些数据来帮助我们在运营中做决策的机会。

目前，从企业的发展阶段来看，我们正处于从数字化企业向智慧企业转变的一个关键时期。今天是一个智慧企业时代，和传统企业相比，智慧企业凭借高度自动化、员工高价值工作的比例高等特点，对于抵御各类市场的波动和异常事件，肯定具有非常强的战略性竞争优势。

企业如何打造真正的数字化能力呢？

从定义上来讲，实际上就是运用我们的数字技术，改造企业应用价值链的各个环节。所以一般来说，打造企业的数字化能力要从客户、运营、产品这三个大的方面进行。

比如从客户角度来说，帮助企业打造客户的画像能力，与客户建立各种连接关系。

从产品角度来讲，未来所有的工业品都将变成智能化、网联化的产品，培养嵌入式软件的开发能力、数据的采集分析能力，显得尤为重要。

运营方面，数字化能够帮助我们去打造敏捷的能力，快速响应客户和市场的需求。这就涉及供应链的组织能力、扁平化组织架构的设计能力和人员的匹配能力，所以说，数字化转型不能只是为了转型而转型，本质上我们要降本节费、提质增效。

让我们一起来正视数字化的差距，加快建设韧性的智慧企业。

未来，零售业将何去何从

文 张　斌　物美集团首席执行官

我的分享分为三个部分：第一，疫情期间，物美做了什么；第二，新冠肺炎疫情给零售产业带来的巨大影响；第三，对零售行业前景的展望。

疫情来了，物美做了些什么

疫情就是命令，保障就是责任。2020 年年初（2019 年农历大年三十），物美就派出采购团队到韩国；大年初二，就紧急把款项支付给韩国；大年初五，第一批 300 万只口罩空运到北京，当晚验收报关，第二天开始在店里销售，缓解了北京老百姓买口罩难的恐慌。

从疫情开始至今，物美卖场每天都有口罩供应。截至目前，北京市场已经销售了超过 2000 万只口罩，北京是全国大城市中唯一每天都有口罩卖的城市，同时供应消杀用品、护目镜、防护服等，确保满足北京防疫物资需求。物美还帮助了其他城市，供应数百万只口罩。

从（2019 年）大年三十开始，全国开始严密防控疫情传播，大量的餐饮企业、中小菜市场、小超市关闭，老百姓的生活物资需求激增。物美全力保证门店正常运营，加大基础民生商品的供应，满足了首都市民的应急需求，保障了社会稳定。物美超市的蔬菜供应量单日突破 200 万公斤，肉品突破 20 万公斤，供应量是平时的 3 倍以上。大年初九，北京市委书记蔡奇视察物美，表扬"文中立了大功，物美立了大功！"为物美"面对生命、唯有良心"的企业价值观点赞。

随着返城务工人员的不断增加，首都疫情防控进入新阶段。为了最大限度地避免人员集中，确保群众安全，物美在北京乃至全国范围内 3000 多个社区设立了"物美多点社区抗疫提货站"，仅北京就有 2000 多家，反响良好。

社区提货站模式，充分地把老百姓的安全和国家的要求结合在一起，也解决了订单配送难、到家难的问题。物美在北京的线上订单单日就突破 18 万，为减少超市的人流集中、人员的流动接触，稳定市民情绪，发挥了重要作用。

一方有难，八方支援。2020 年 2 月 23 日，物美集团联合华中科技大学北京校友会，把价值 500 万元的 300 多吨新鲜蔬菜、生活用品等应急物资运送到武汉的协和医院、同济医院、中南医院、武汉科技会展中心方舱医院、桃园社区等 19 家单位，给奋战在一线的医务工作者和社区贫困户送去了温暖。

华中科技大学北京校友会在疫情开始之后联合全球的 14 个校友会，筹集各类物资，驰援武汉，已经募集的善款上千万元全部被用于捐赠武汉和湖北的各大医院。

物美在全国有 10 万名员工，保障 10 万名员工的人身安全是重中之重。物美在制定《防疫工作指南》、店铺防疫措施、自身保护方面要求严格。截至目前，物美的 10 万名员工没有 1 例感染。

在抗击疫情过程中，我们也坚决同各种谣言做斗争。疫情期间，谣言四起，别有用心的不法人员编造传播不实信息，造成广大市民心理恐慌，干扰防疫工作。在做好保障工作的同时，我们坚决、依法同谣言作斗争，通过各种渠道澄清谣言，坚定不移地保价格、保质量、保供应、保安全。

新冠肺炎疫情对零售产业的影响

第一，新冠肺炎疫情对百货业、购物中心、餐饮和娱乐业等行业影响巨大。

从短期来看，客流锐减，营业收入和利润受到巨大的影响。紧接着会有一大批中小企业倒闭。

从长期来看，疫情之后，传统经营模式将面临更加严峻的挑战。在数字化冲击下，传统模式本就在变革转型中艰难探索，在疫情后新的环境条件下，又将面临模式重建的压力。这不仅仅是零售企业所面临的挑战，所有企业都是如此。未来，企业对于现金流的掌控、对于负债的把握，包括经营模式，都会发生重大变化。

第二，我想谈一谈疫情对超市等民生行业的影响。

其一，企业精神和企业家精神是战胜疫情的中流砥柱。亚布力论坛的企业家都是企业家精神的榜样。疫情中，民生行业也是逆行者，需要和前方的医护工作者一样，真正能够顶上去。有的零售企业已树立起顽强的企业精神，在这次疫情中精神不倒，持续地、顽强地提供商品与服务。疫情是对连锁零售企业的采购能力、供应链能力、营运能力、快速反应能力，尤其是企业精神的一次全面考验。

物美疫情期间始终奋战在抗疫一线，总部每天分别在 8 点、20 点召开情况通报会，确保供应稳定，并严格施行门店防控措施，已经制定和发布了 27 版《防疫工作指南》，确保员工无感染，使到店的顾客放心。

其二，疫情期间，业态超然的零售企业受到了消费者的青睐，如麦德龙和山姆店，因为它们的供应链体系非常强大，在保证供应方面有独到的优势。

但是在这次疫情中，它们的供应能力仍然面临巨大的挑战。比如麦德龙在武汉有四家店，武汉封城后，它们也面临着货物短缺的困难。我们与武汉积极协调，最终通过铁路将商品运输到武汉，再接驳到店里，从而保障了麦德龙商品的持续稳定供应。

其三，线上、线下一体化的零售企业得到了长足的发展。

疫情发生后，多点和盒马的表现抢眼，DAU（日活跃用户数量）猛涨。疫情期间，政府要求消费者不出家门，但同时又希望我们能够给消费者提供良好的服务，那么什么才是最优的解决方案呢？那就是线上、线下一体化——线上下订单、送到提货站，消费者在小区门口就能拿到货。

物美在疫情发生之后就开始设立社区防疫提货站。自设立防疫提货站后，短短的十几天里，北京地区就从 0 单涨到了近 10 万单，这说明消费者非常喜欢这种模式。而且这种模式一旦成为老百姓生活当中的一种习惯，即使疫情结束，他们也会延续这样的习惯。

我认为，这次疫情加速了零售企业线上、线下一体化的发展，发展进程提前了至少一年，甚至更长的时间。

我们总结发现，精神颓废、墨守成规、不能拥抱新技术的零售企业，在平常还能够勉强生存，一旦遇到风浪的冲击，尤其是大一点风浪的冲击，就会面临淘汰。

精神颓废怎么理解呢？从我们这个行业来看，有很多企业表现出了顽强的企业精神和企业家精神，这种精神支撑着企业的发展。但是也有一些同行说："采购不到货，我们也没办法。"其实，大家面临的困难都是一样的。大年初一，我们的采购、运输车辆去农村采购蔬菜，面临封村的情况，怎么办？我们立即向商务部门和公安部门报告，他们马上研究、发布通告，允许采购车辆进入农村和蔬菜产地，将蔬菜运出来，从而保障了供应。

墨守成规更不行。疫情到来的时候，小区封闭，如果我们干等着，顾客和销售量是不会来的。

不拥抱新技术也不行。物美和多点相结合，线上、线下一体化，打通了整个供应链，才能焕发出来强大的生命力。

所以，疫情其实是一次对企业精神的检验，对企业创新精神和能否不断学习进步的检验。

对行业前景的展望

我想谈三点。

第一，从 C 端看，到店、到家的一体化模式会有长足的发展。

在未来相当长的一段时间里，回家做饭的人将大幅度增加，在封闭状态下养成的线上下单的习惯和安全卫生意识在相当长的时间里会持续保持。

线上生鲜类商品的销售将成为重要的风口。也就是说，在前一轮生鲜电商成为风口，并做了一段时间后，在未来的一段时间内会再度成为风口，这有它必然的逻辑和理由。而如何能够使消费者的体验更好？那就是配送效率更高、商品品质更好。实际上，服务更好是考验我们是否能够实现到店、到家一体化的一个非常重要的环节。

现在有很多投资人已经开始行动起来了，在找各种各样的生鲜电商，希望能够把这些模式真正推广起来。我觉得在疫情结束后，C 端的到店、到家一体化会有长足的发展与进步，将在未来的时间里大放异彩。

与此同时，线上非生鲜的销售也会大幅度增加。人和人之间的这种接触式或者互动式销售不会消失，但在相当长的时间里会被抑制。而消费本身是依然存在的，如何能够刺激消费？C 端到店、到家一体化的模式，将会是最受欢迎的模式。

第二，从 B 端看，我们认为产业链、供应链的稳健性、安全性、及时性将得到极大改善。

这次疫情对中国的产业链和供应链进行了一次全方位的大考，对其稳健性、安全性和及时性进行了全面考验。

为什么把产业链放在供应链前面呢？因为通过这次疫情，我们发现，单纯做供应链无法解决和满足突发的一些需求。比如，物美 2020 年的猪肉销售增长非常快，且猪肉品质也受到了消费者的认可和喜爱。为什么能够取得这样的成果呢？是因为物美在 2019 年下半年开始就与中国最大的生猪生产企业牧原，进行了产业链的对接，牧原猪可以直接对接到物美，这就使我们的产业链非常牢固。怎样把产业链真正打牢，这是对中国企业的一个考验。

再举一个例子，比如疫情情况下中国缺口罩，现在中国日产口罩的能力突破了1亿只，但是还有很多口罩生产商仍处于停工的状态，为什么？因为原料的问题。

其实产业链的整合，是对一个行业最大的考验。我们认为，万亿级规模的产业链、供应链市场将成为一个新的蓝海，早期投入者将获得先发优势。比如，菜鸟和京东物流的传统模式还需要不断的创新迭代，而且新的产业链和供应链也将层出不穷。

第三，我们认为实体店在疫情之后会慢慢恢复，但难以恢复到从前。

实体店在疫情过后会慢慢恢复起来，但是由于安全、卫生以及人们的心理等因素，已经不可能回到从前的经营状态，部分实体店可能就直接关门了。

受疫情影响，旧模式将加速淘汰，新的模式也必然和新的技术应用更紧密地结合在一起。

同时，必须在现场销售或提供便利服务的业态，比如理发和修补等服务业态将得以加强。

购物中心的业态组合将推陈出新。目前，无论是在大城市、中等城市，还是在小城市，购物中心的模式都在不断发展，疫情后还会有新的发展。

最后，我总结一下。新冠肺炎疫情对零售行业的冲击和影响是深远的、巨大的，我认为，新环境、新条件对零售行业提出了以下三个方面的要求：

（1）要积极拥抱新模式、新技术，使线上、线下一体化加速发展；

（2）做强产业链、供应链，进一步提升供应的稳健性和敏捷性；

（3）积极适应疫情后消费者需求的新变化，变"危"为"机"。

【提问环节】

Q：您怎么看未来购物中心的模式发展方向？有什么新模式？

张斌：整个业态组织未来都会发生重要变化。购物中心本身是一个聚合 IP（知识产权）、聚合消费的场景。过去是有若干个主力店，再把其他的能够带来利润的业态分布进去，靠主力店来带客流，其他非主力店来获得利润，这种模式可能会受到一些挑战。但是自带流量和不带流量的模式，价值是不一样的，一定会有不断的转换。

Q：多点会不会取代门店？

张斌： 我觉得不会。

我认为，未来的模式是线上、线下一体化的模式。实体店的功能会发生重大变化和调整。比方说，购买一些标准化的产品，我们会越来越少地到实体店去，但是当我们需要现场服务和一些生动化陈列的商品时，是一定要到实体店去的。但是如何能够在两者间做好平衡，把线上和线下都做起来，这是多点需要考虑的。所以，我认为线上、线下不是一个相互替代的关系，而是一个相互融合的关系。

Q：疫情对社区便利店会产生什么正面和负面的影响？

张斌： 其实便利店这个业态，它最核心的一个要素是便利。疫情对它产生较大冲击的地方，就是顾客少了，一定会影响它的收益。但是从另一个角度来看，由于便利店本身具有便利的特性，将它作为一个提货点，实际上也是非常好和非常重要的。

Q：实体店未来会轻运营吗？如何做？

张斌： 实体店本身是一种资产相对重一些的业态形式，我认为可能不会做得太轻。

Q：能否打通超市和百货的关系？

张斌： 中国的百货经过这么多年的发展，也在不断演化，从自己采购到逐渐联营经营，实际上更强的是在依赖品牌的经营，把品牌集合起来，从而使自己的经营能力得到体现。这种模式跟超市自己采购商品的模式有比较大的区别。当然也有朋友看到，很多百货目前也在做自主采购经营，和超市的模式比较像，但如何真正把两者很好地融合起来，可能不是一件那么容易的事情。

Q：疫情会影响物美线下门店的数量吗？

张斌： 不会。线下店永远会存在，作为一个销售的节点，线上和线下的配合至关重要。物美现在在北京拥有近800家店，实际上还是不够，我们希望能在消费者触达的区域里都开店，给消费者提供更多、更全、更便利的服务。

Q：您觉得实体经济还会是未来的主流吗？

张斌：我认为，实体店肯定不会消失，在相当长的一个时间段里，实体店的销售额还会远远大于线上，但是线上占比肯定会不断提高，且线上给顾客带来的体验也在不断改善。

实际上，无论是实体店还是线上店，最重要的是顾客对商品的满意程度和在购物过程当中的满意度，如果商品本身和购物过程令他满意，我想线上、线下对他来讲都不是问题。

线上和线下在未来是不矛盾的。过去还有人区分，说某一个顾客是线上顾客、某一个顾客是线下顾客，实际上现在所有的顾客都是线上的，同时也都是线下的。在享受线上服务的时候，我们就是线上顾客；在线下店进行购物或者接受服务的时候，我们就是线下的顾客，所以说二者是不可分的。

Q：请比较物美和7-11，各自有哪些优势？对方有什么经验可学？

张斌：7-11是一个标准的便利店，而物美是一个大卖场、超市、小超市和便利店都有的业态。物美目前所有的店铺都在不断变身，比方说，我们有到店自提、配送到家等，我们的店里除了本身的超市以外，还提供餐饮、理发、修补、擦皮鞋、锁边等各项服务，所以物美超市和便利店之间没有可比性。

当然，7-11有很多经验值得我们学习。比如，7-11的产品链和供应链做得非常好，它的整个上游工厂的加工做得非常好，能够保证产品供应。这一点值得我们学习，就像我刚提到的，未来产品链和供应链的不断提升与进步是至关重要的。

Q：零售的未来是什么样的？

张斌：其实这个问题挺难回答的。

在智能手机出现之前，我们都想象不到今天会用手机来购物。5G时代马上就要到来了，它能够给我们带来什么样的冲击，我想每个人都会有自己的判断。但是我认为技术的应用将是整个行业一个不可逆转的洪流，尤其是信息技术、数据技术。

我认为这一轮的技术革命使人类生活的底层物质结构发生了变化，就像电一样，互联网、物联网、云计算、大数据、人工智能、区块链、5G等技术的不断应用，会给人类带来不一样的冲击。我们不敢预计未来一定会是什么样，但我认为一定会是让消费者更加舒适、更加享受、更加满意的一种模式。

更具体一点，我觉得在未来几年里，线上和线下的互动、结合、融合将是一个重要趋势，会使整个销售和对顾客的服务向这个领域不断地深入和深化。

Q：今后物美有什么大的战略规划？

张斌：其实大家应该看到了，2019年物美有两件比较大的事情：第一件事情是参与了西南最大的零售企业——重庆商社的混改，这个混改马上进入收官阶段；第二件事情就是在众多的竞购者当中，成功竞购了麦德龙中国，将它收入物美麾下。这两项事情是2019年中国流通产业、零售产业和超市领域的大事。

物美还会不断地和优势企业合作，真正做强、做大物美的零售网络体系。同时，依靠多点使物美的线上能力不断增强，使物美的实体店和线上服务有机融合起来，为消费者提供更好、更全面、更舒心的服务。

Q：多点开启了物美的下半场，我们注意到有些地方出现了"多点+"，怎么解释这个"+"呢？

张斌：我想在这里也跟大家讲一下多点和物美是怎么回事。

物美是一个线下零售企业，是以它的销售网络来实现销售的企业。这个零售企业，尽管在通过不断地合作、收购、兼并来扩大自己的销售网络体系，不断触达一些还没有物美实体店的区域，但是这个企业的规模是受到一定限制的。现在物美线下店的销售能力在1000亿元以上，未来可能会达到2000亿元、3000亿元，说得更乐观一点，可能会达到5000亿元。

但是相比较而言，多点和物美是不一样的。我们给多点的定义是一个零售企业的 OS（操作系统）。它是一个线上的为线下零售企业服务的综合数据和技术公司。它不仅仅在给物美提供这种技术支撑和服务，目前中国的连锁百强中已经有 60%~70% 的企业跟多点建立起了业务合作关系，在多点上跑的销售额将是万亿元级的。所以，多点是一个零售的 OS 平台，而物美是一个线下的实体网络体系。

Q：我们是物美的忠实顾客，请问张总，在目前情况下，物美怎么保障供应，尤其是跨省供应？

张斌：这个题目分成两部分。

第一是如何保证供应。现在物美的主要业务区域有以下几个：一是以北京为核心的京津冀地区；二是以杭州为核心的浙江，还包括上海和江苏南部的一些区域；三是西北以银川为核心的陕甘宁青等区域；我们参与了重庆商社的混改后，西南也成为我们的一个重点区域。我们在一个区域里拥有众多店铺，这些店铺有较强的销售能力，会使我们在当地的集合采购能力得到充分发挥，因此我们能够在这个区域里为顾客提供更多、更好的商品和服务。

第二是跨省问题。在已经有密集店铺群的区域里，物美会不断地把品相做优、做强，把服务做好。对于目前还没有触达的区域，物美的发展模式会有两种：一种是和当地有优势的连锁企业进行合作，或者是收购，或者是兼并，把物美现有的采购能力、技术能力复制过去，让它能够给顾客提供更好的商品和服务；另一种是依托已经有麦德龙店的区域，把麦德龙的体系做强，从而把物美的体系进一步做强。

Q：从零开始学习零售，需要学习和注意一些什么？

张斌：物美从事零售近 27 年，物美是从零开始的，那时大家对于超市业态没有更多的认识。物美至少在中国北方地区是第一个吃螃蟹的，也走了不少弯路、积累了不少经验。但是今天中国改革开放已经 40 多年，零售业从无到有，已经有了长足的发展与进步，从当小学生不断学习外资，到现在线上、线下一体化，整个行业发生了重大变化。

但是从零开始，我觉得还是要回归商业的本质，那就是以给顾客提供好的商品和服务为出发点，来检讨我们的采购体系、营运体系、供应链体系是不是依托为顾客提供好的服务来搭建的，不仅仅是要为顾客提供好的商品与服务，更重要的是，以更高的效能来提供好的商品与服务，这样你才能够生存和发展。

Q：未来物美会在无人零售领域布局吗？

张斌：未来，无人零售一定会成为一种非常重要的销售模式，但是它需要一个过程。一个小店，没有服务人员在一段时间内可以生存、运作，但是一个相对大一点的店，在目前这样一种管理能力和技术能力的环境下，如果没有人给顾客提供各种各样的服务，还比较难生存。

物美的做法是什么呢？在不断优化、重构自己的业务流程，使自己店铺里的工作人员不断减少。比如，我们通过边缘计算的摄像头扫描，来使防损的工作量下降；通过自助收银，让收银员数量下降；通过智能货架、电子架签，让理货员的工作量下降，总体让店铺里面的人员逐渐减少。我们北京联想桥店过去的正式员工有 200 多人，经过两年多的努力，员工数已经下降到了不到 80 人，我们计划通过各种技术手段的推广，让员工数量继续下降，下降到 50 人、30 人、20 人……逐渐使这个店在不需要人力的情况下，或者说在不断减少人力的情况下，服务能力越来越强。至于最后是不是一个服务人员也没有，我觉得也不见得，可能会有若干人在店里，但是大部分为顾客提供服务的员工都已经被机器、设备所取代。

Q：中国零售市场的外国友商纷至沓来，中国零售企业何时"下西洋"？

张斌：这个问题很有意思。中国零售业的发展是在不断学习和借鉴外资企业的基础之上发展起来的。在过去的二三十年时间里，如果没有外资的进入，中国零售业不可能有今天这样的局面。

在刚刚起步的时候，我们的老师有很多。沃尔玛、家乐福、Costco 等一大批有经验、有能力、有资金的外资企业进入中国后，他们对中国零售业的发展和进步起到了非常重要的作用。外资企业带来的干部队伍，对中国零售企业的发展也起到了至关重要的作用。

随着中国本土零售企业的不断发展壮大、中国消费群体的不断崛起，中国零售企业在理解中国本土消费者的习性和在掌握消费技术的情况下，打败了很多外资老师，现在本土的零售企业已经占据了绝对的主导地位。同时，中国的线上零售企业、线上和线下融合的零售企业，也取得了长足的进步与发展。所以，中国的零售产业，现在还不敢说是走在世界的前列，至少是具备了一定的竞争能力。

中国零售企业要走出中国、走向世界，我觉得还要一些时间，主要是基于以下几个方面的判断。

第一，中国目前的消费市场远远没有得到充分覆盖，中国本身将会成为最大的单一市场。2019 年，中国社会商品零售总额已经超过美国，但是中国单一的或者有规模的零售企业覆盖度不高。中国的消费者人数比美国多得多，所以中国将是发展最快、最大而且最能够有成果的一个市场。中国的企业应该先把中国的市场充分利用好、占据好，只有这样才能够获得更好的收益。

第二，国际市场，尤其是发达国家的市场，经过充分竞争，这些零售企业有非常强的能力去服务当地的消费者，中国企业如果贸然进入这类市场，恐怕也要交很多学费。但是随着线上、线下一体化的发展，中国企业结合线上、线下的优势，是不是能够在国外有很好的发展？我相信未来中国企业会有精彩表现。

找不准需求的企业，将会被遗忘

文 徐廉政　君智战略咨询联席总裁

激发消费，关键在于找准市场需求，只有率先洞察消费者心中尚未被满足的隐性需求，在顾客认知中建立品牌，企业才能最终实现崛起。

找准顾客的隐性需求

新冠肺炎疫情致使商业发生了深刻变化，很多市场需求，也因此消失或发生了转移。此外，年轻人日益成为消费群体中的主要力量，这也对传统商业模式提出了新的要求。

有调查显示，在新冠肺炎疫情暴发前，生活富裕的中国年轻人，从未经历过国内经济下滑的场景。这场疫情，迫使他们更加认真地反思自己的支出和储蓄习惯，他们在购物时，也比以前更加注意权衡。因疫情原因，42% 的年轻消费者加强了储蓄意愿，消费贷款也有所减少。

此外，疫情还影响了消费者的购物偏好，他们转而寻找品质更好、更健康的商品。生于 1995—2009 年的"Z 世代"如今成了消费主流，他们的消费动机可以概括为："为社交""为悦己""为人设""为享受品质生活"等，这与传统的消费需求已大不一样。

这就让如今的商界有了"时过境迁、物是人非"的两大背景，它决定了企业必须与时俱进、"洗心革面"，才不会被"后浪"与时代抛弃。因为更多的年轻人将成为未来消费的主流。面对消费需求的变化，企业应该根据年轻人的喜好，重新制定市场策略。企业不得不重新思考自身的定位和

品牌，究竟能为这些年轻人带来什么样的独特价值？换句话说，无论是新品牌，还是老品牌，都应聚焦年轻人，根据这一群体的审美需求和消费习惯，重新审视自己在顾客心中的位置。换言之，只有掌握了年轻消费群体的需求，企业才更容易获得成功。

以飞鹤奶粉为例。作为五十多年专注于中国市场、最早研究母乳成分的乳企之一，飞鹤早在多年前就研发出了高适应配方的奶粉，以满足婴幼儿的营养所需。后来，通过对中国母乳的大量研究，飞鹤推出了"更适合中国宝宝体质"的奶粉。传统观点认为，外资品牌更安全。而作为本土品牌的飞鹤，在保证奶源安全的基础上，更加强调了"一方水土养一方人"的概念。飞鹤让消费者知道，中国的奶粉更有益于中国人，也因此收获了更多宝妈们的青睐。据飞鹤披露的 2019 年业绩报告显示，公司全年的营业收入达到了 137.22 亿元。

当然，找准顾客的隐性需求后，我们还要围绕品牌的核心价值，打造完整的差异化闭环。以中国积木品牌"布鲁可"为例，布鲁可积极利用自身"擅长为低龄儿童设计积木"的优势，针对 1~6 岁儿童，打出了"儿童积木专家"的口号。2020 年上半年，布鲁克围绕"夯实'积木专家'认知"的核心目标，在产品研发、经销渠道建设、电商、传播等方面进行全矩阵布局。2020 年 1—6 月，布鲁可的全渠道销售额同比增长了 188%，创造了玩具类目全国增速第一的佳绩。

在新消费时代下，一些中华老字号若想复苏，就需要在需求端、生产端、营销端、渠道端等方面重新考虑企业再造的问题。同时，战略制定的第一要点，必须符合企业创始人的理想和创办企业的初衷，战略要与企业的愿景、使命相互融合。唯有此，才能凸显一家企业安身立命的资本及不可替代性，也才能无限趋近核心受众对该品牌的认知和期许。

作为一家根植于中国本土的战略咨询公司，君智在为企业客户进行市场调研的过程中，着重强调挖掘其潜在的顾客群体，并针对这一群体特性，找出与之相对应的产品价值，通过不断研发、创新，将其打造成品牌，继而开拓出一个全新的市场。

塑造企业的独特价值

无论是外贸企业还是内销企业，其本质和目的都是服务顾客。改革开放 40 多年来，科学管理的成功，让企业可以配置全球的资源以满足市场需求。但物质过于丰富，也会使顾客难以选择。因此，企业家要从竞争的维度，判断企业因何存在、在何处存在。如果找不到企业与社会的连接，找不到产品与服务满足客户需求的方法，企业就会被边缘化，甚至被遗忘。

有三类不确定性通常会同时发生，即外部环境、竞争对手和消费者。一个企业如果无法在潜在消费者心中占据某种恒定的价值地位，企业就无法应对这些不确定性，从而难以在市场上长久立足。

虽然"出海"难，但"调头"也不易。尽管国内市场规模很大、消费升级的需求旺盛，但这并不意味着外贸企业转型内销，就是一片坦途。2020 年，中央提出要逐步形成"以国内大循环为主体、国内国际双循环相互促进的新发展格局"，这为我国经济应对百年未有之大变局，指明了方向。我们要知道，转型国内市场不等于放弃外贸，外贸企业最好用"两条腿"走路，找准自己的战略方向，根据实际情况，调整相应的经营策略。

当下，作为"全球工厂"的中国，也正在成为全球最大的市场。中国是拥有 14 亿人口、4 亿多中等收入群体的超大市场，再加上人均 GDP 突破了 1 万美元——这些优势都将激发更多的潜在经济活力，拓宽更大的发展空间。如此看来，"双循环"是中国经济实现高质量发展的应时之选，也是中国资源要素实现更加高效、优质配置的必然之选。

外贸企业转战国内市场，关键的短板在于，其国内大循环没有形成闭环，除了在产业链技术上自主研发能力不足外，其在品牌建设上更是"小白"。品牌建设的关键点在于"人心"，因此，打造品牌就是要打造调动人心的认知优势。只有率先洞察消费者心中尚未被满足的隐性需求，瞄准顾客认同的独特价值，在顾客认知中建立品牌，消费者才有选择我们的理由，我们才能有效建立起"护城河"和"防火墙"，最终实现品牌崛起。

未来，中国经济想要真正崛起，就要走品牌强国的路线，就要先为顾客创造独一无二的价值，并配以产、供、销、研发、财务等各环节的精准落地，继而在复合消费场中，打造自己的圈层文化，做好个人与企业共生共荣的长久准备。同时，不断迭代向前，才是跑赢新消费时代的终极之道。

破云而出的永远是光。在不确定性已经成为常态化的今天，如何在不确定性中寻找确定性、创造确定性，已成为企业经营的本质，也是企业家必备的本领。"一招鲜，吃遍天"的时代已经不复存在，当下的每时每刻，都是机遇与挑战并存，只有管理好这些"不确定性"，企业才能迎来崛起的机会。

第三篇

危机的另一面是机遇

在以"内循环"为主的双循环经济模式下，我们要遵循新发展理念，坚持创新，大胆改革，深化开放，紧紧抓住工业互联网、能源产业变革及经济社会转型的发展机遇，在新基建市场建设中，大力培育新产业、新技术、新业态、新模式。

中国飞鹤破局千亿之道

文 谢伟山　君智战略咨询创始人、董事长

　　一个企业若没有实现规模利润，主要是因为企业家在两方面没有做区分：一是企业运营；二是企业战略。

　　企业运营是指相同的事情如何做得更好，即效率；企业战略是指企业如何做到不同，即效果。运营是处理企业内部的事情，是以产品为中心，解决如何提升质量、如何提升科研、如何把产品铺好、如何把团队管好等问题。而战略是以顾客为中心，从外部视角处理竞争的问题，如何让企业打败竞争对手，赢得更多的顾客。

　　战略又分为两类：一是良性竞争；二是恶性竞争。

　　现在的世界充满了恶性竞争，大多数企业家都是通过打价格战来应对竞争，不断地打折、促销，无论是在市场上还是电商平台上。这种价格血战都不是良性的竞争方式，企业的各种生产要素成本不断上涨，会令企业的"造血功能"受到重创，发展也就难以为继。这次疫情将长期价格血战给企业造成的隐患暴露无遗，很多企业很难熬过这个"寒冬"。

　　企业为什么会有这样的问题？就是因为价格血战，导致企业的储备不足，大而不强。所以我们呼吁企业家要对自己的企业进行深度思考，学习什么是真正的战略。

　　除了恶性竞争，还有一种竞争是良性竞争，就是企业如何在竞争之中，把东西卖得更多，把价格卖得更好，能够有条件地把产品往更好的地方去推广，这种良性竞争是非常有必要的。

　　关于战略，《孙子兵法》可以给现代商业丰富的养分，它虽然是两千年前所形成的一部兵法，但它对战争、战略和战术的理解与解读，远高于很多西方的商业理论。

在激烈的竞争之中如何存活壮大，关键是要透过企业运营、研发、传播等调动起"消费者选择的力量"，做到"不战而屈人之兵"。将《孙子兵法》中的"道、天、地、将、法"当作企业战略规划的五大核心要素，以此运筹帷幄、决胜千里，这也是君智服务的 6 家企业突破百亿营收的先决条件。

飞鹤于 2019 年 11 月 13 日在中国香港上市后，第 7 天就遭到了沽空。一家叫 GMT Research 的公司认为飞鹤的业绩好得不真实，看不懂飞鹤为什么增长这么快，于是沽空飞鹤。受此影响，飞鹤的市值从 670 亿港元降到了 561 亿港元，但是一个月以后，飞鹤的市值便冲到了 800 亿港元，后来又到了 1000 多亿港元，成为港股乳业第一股，市值甚至超过了蒙牛。

业绩的背后是企业的产品、团队和企业的管理、文化等诸多因素，当然也和企业的正确战略息息相关。下面，我们来回顾和分析一下飞鹤的战略。

2008 年，三聚氰氨事件使国产奶粉遭遇了空前的信任危机。飞鹤因为一直以来都坚守品质，并率先从源头——奶源开始布局专属产业集群，实现了从源头牧草种植、规模化奶牛饲养，到生产加工、售后服务各个环节的可控、可追溯，所以在 2008 年那场几近毁灭性打击国产乳业的三聚氰胺事件中，飞鹤也是鲜少的没有出问题的本土乳企之一。但是国产奶粉的至暗时刻也对飞鹤造成了影响。

一直到 2015 年，在消费者的心目中，三聚氰胺的阴影一直没有抹去，外资品牌奶粉稳占主流，国产奶粉备受压制，市场份额急剧下滑。几乎所有的国产品牌都选择了通过价格血战进行突围，外资品牌也参与其中。

2015 年君智做市场调研的时候，可以看到行业里的竞争确实是非常地白热化，你买四罐赠一罐，我买三罐赠一罐，他买一罐赠一罐，甚至还有一些品牌接受空罐来换一罐奶粉。这种价格血战是人类经济繁荣发展后市场供大于求的产物，不仅中国有，欧美等其他国家也是如此。

这次疫情会让很多企业难以渡过这关。我相信会有一些办法和谋略来

应对眼前的问题，但更重要的是如何系统性地提升企业对价格血战的免疫力，尤其是疫情以后经济开始复苏，各种需求将会爆发性地呈现出来，在这种时候我们应该怎样来承接这一需求？其实在17年前的SARS疫情以后，很多行业的需求报复性地反弹，但是价格血战让企业低价出货，最后并没有赚到什么钱。这种时候我认为战略能够让企业免于价格血战的危害。

飞鹤2015年在全行业排名第七，面临的竞争对手是一些有百年基础的洋品牌和世界五百强企业，可想而知当时的压力有多大。

其实，飞鹤的基础是非常好的。首先，奶源非常好——北纬47度是世界五大黄金奶源带之一。其次，飞鹤在行业里率先打造专属产业集群。再次，飞鹤50多年专注于中国市场，是最早研究母乳成分的乳企之一，参加了很多国家级的项目，也是第一批成立中国母乳数据库的乳企。飞鹤奶粉也率先通过了三甲医院的临床认证，证明飞鹤奶粉的喂养效果非常接近中国母乳的喂养效果。

经营企业有时好产品叫好未必就叫座，很多企业家对此也百思不得其解。在这里，我想从战略角度来解读。《孙子兵法》说打仗就是六个字，"以正合，以奇胜"。

"以正合"，我们可以将其理解为一种管理方法，可以将它理解为运营。打仗需要充足的枪、支、弹、药，士兵要受过良好的训练，排兵布阵要合理，还要占据各种要塞，这叫"以正合"。做企业也一样，原材料得好，研发得好，产品质量得好，售后服务系统得好，在终端要深度化，各种渠道铺货要到位。团队要有执行力，企业文化、薪酬体系和激励机制都要好。"以正合"是打仗的一个基础性条件。

对《孙子兵法》所说的"以奇胜"这三个字，很多企业家都不理解。今天飞鹤能够破局千亿，其背后也是因为它应用了"以正合，以奇胜"。

"以奇胜"的"奇"怎样理解？其实这个"奇"就是指人心。《孙子兵法》讲"道、天、地、将、法"，道就是人心，所以"以奇胜"的核心是"道在人心"。"以奇胜"是战略，"以正合"是运营。

在这里，我想结合飞鹤案例来讲解如何通过三步法调动人心。

第一步，大道至简，借力常识。

首先战略的设计要借力常识。常识的力量是集体潜意识的力量。美国一位心理学家说，潜意识的力量是意识的 3 万倍。"以奇胜"是调动人心的力量，也就是调动消费者潜意识的力量。

在中国人的潜意识当中，有一个观念叫"一方水土养一方人"，北方人习惯吃面食，南方人习惯喝汤；西方人喜欢吃肉食和奶制品，东方人喜欢吃素食；西方人喜欢吃冷的，东方人喜欢吃热的……适合你的才是最好的。我们通过调研发现，喝飞鹤奶粉的宝宝眼屎少，晚上不容易哭闹，过敏的情况很少，科学证实它更像是中国母乳喂养的宝宝。所以飞鹤借力"一方水土养一方人"的固有常识，基于中外宝宝体质有差异的事实，明确了"更适合中国宝宝体质"奶粉的战略方向及品牌诉求。这就是飞鹤调动人心的第一步。

"更适合中国宝宝体质"的诉求一旦唤醒，洋品牌在这个领域便很难跟进，因为如果一个洋品牌也说更适合中国宝宝的体质，消费者会感到奇怪，你为什么更适合中国宝宝体质？所以这时候人心的力量由此形成了一个分水岭。三聚氰氨事件后洋品牌在中国高歌猛进的局面，有可能因为飞鹤提出"更适合中国宝宝体质"，而形成中外品牌分庭抗礼之势。

第二步，兵贵神速，先入为主。

消费者的大脑有一个非常重要的特征——哪个品牌、哪个声音率先进入他的大脑，就会在大脑中占据一个非常有利的位置。《孙子兵法》讲"凡先处战地而待敌者佚，后处战地而趋战者劳"。意思是说：假如你先进到一个阵地，你便赢得了作战的先机。所以打仗致胜的关键在于谁能知战之地，谁能知战之日，谁就能做到千里而会战。

经营企业也是如此，我们要摆脱价格血战，便要率先进入消费者的心智和大脑。

2015年确立战略方向后，飞鹤便采取多渠道策略，增加投入，以期尽可能覆盖更大范围的消费群体：打通线上和线下平台资源，通过在线课堂、关爱热线、微信客服等多样化线上互动方式与消费者沟通，每年在全国各地举办各类亲子主题活动，为准妈妈和妈妈们提供全方位的喂养解决方案，大大提升了中国妈妈对国产品牌的信任度。

随后，飞鹤把大量的资源投向了市场，增加传播费用，加大地面推广活动的力度和研发投入，然后进行饱和性攻击。据其招股书显示，仅2018年，飞鹤就举办了超30万场面对面研讨会，包括超过5500场"妈妈的爱"研讨会，共计超60万名人士出席。这些动作获得了显著的效果。

第三步，利用心理上的虹吸效应有效压制竞争。

由于飞鹤2016年获得了初步增长，2017年飞速增长，所以2017年开始全行业几乎都在学习和模仿飞鹤，这个时候价格血战一触即发。

虹吸效应就是利用头部优势吸附人才、资本、信息的能力，反而给竞争对手造成较大影响。任何行业打到最后，它只会剩下数一数二的品牌，这种情况就是由虹吸效应形成的。

20世纪全球杰出的CEO杰克·韦尔奇曾说过，通用电气的业务，只要不处于行业数一数二的位置，不管多赚钱，不管它利润增长多快，都要关停并转。当时杰克·韦尔奇这样的决策让资本界和员工都很不理解，所以大家叫他"中子弹杰克"。正因为韦尔奇20年不断贯彻这一原则，通用电气从一百多个领域中退出，虽然最后在他交棒时通用电气只剩下13个领域，但创造了一个世界商业神话。

飞鹤如何利用这一虹吸效应呢？加大投入，加大声量，让它成为行业的第一声量，这非常关键。因为消费者一旦把飞鹤和"更适合中国宝宝体质"这个认知画上等号，顾客在看奶粉的信息，飞鹤是第一声量，她便会把其他品牌的光环全部赋予飞鹤。

飞鹤刚刚披露的财报显示，其2019年完成了137.22亿元的营收，有39.35亿元的净利润，摆脱了价格血战，其中一个核心的原因就是消费者会优先想到飞鹤这个品牌。

如果企业能够借用《孙子兵法》的智慧——"以正合，以奇胜"，能够以三步法调动人心的力量，我相信很多企业都有可能交出一份像飞鹤这样的答卷，能很好地解决价格血战问题。

对于企业来说，未来中国有四重独特的机会。

第一，中国的市场潜力巨大，中国是全球第二大经济体。中国已有数亿的中等收入人群，这是全世界最大的一个中等收入人群。

第二，中国人特别勤劳。中国人对工作的付出、对事业的付出比其他的民族多很多。我们的工作基本上是"5+2""白＋黑"这种高节奏、高效率、高强度的运转，而外国人很难理解和接受，他们也做不到这一点。

第三，中国的基础设施是最健全的，高铁、高速公路、5G、电子商务、支付、快递等，任何一个国家都做不到像中国这样高效率，这种基础设施的健全为中国品牌的腾飞做好了准备。

第四，中国独特的东方智慧。"现代科技如果结合中国古老的智慧，将会迅速创造出比欧美更好的文明"，这是英国哲学家罗素在一百年前讲的话，当时可能根本没有人相信，但是今天会有很多人相信这句话背后的力量。

企业家一定不要着急，不要求胜心切。《孙子兵法》也强调，打仗求胜心切是非常要命的事情。

通常来说，一个企业要实现战略上的改变，要接受三年之变：

第一年是"换脑"，观念发生改变；

第二年是"换手"，在执行层面发生改变；

第三年是"换脚"，速度发生改变。

这三年的战略调整期，其实对企业来说很关键，一个企业的行为调整也是要发生转变的。如何从红海转向蓝海，核心的原因是能否找到这样一个战略支点，以这样的战略支点重整企业的运营，从产品、研发、供应链、广告、渠道等，全部都要围绕核心的价值展开。

大健康产业大有可为

文 李天天　丁香园创始人、董事长

短期内互联网医疗健康不会出现大爆发

互联网医疗健康会出现大爆发吗？我的答案非常简单，不会，理由主要有两个。

第一，技术尚未突破。大概 10 年前，我说过这样一句话："医疗有时移不动。"因为用户在居家环境中很难拿到有意义的医疗级别的数据，即使到今天，我们也很难大规模、低成本地拿到这些数据。只有真正拿到这些数据，当技术真正得到突破，我们可以在家里将血或尿常规、心电胸片、肝功肾功等项目通过可穿戴甚至可植入的设备完成时，我觉得医疗才算真正移动起来了，但现在的技术还达不到这一点。所以我觉得现在说整个互联网医疗健康行业出现拐点和大爆发还为时尚早，我们还是应该保持一个比较理性的预期。

第二，政策有待松绑。最近政府陆续出台了很多鼓励互联网医疗的行业政策，这是好事情，对行业绝对是利好，但是在医疗领域，利好行业不等于利好企业。它利好的是谁呢？是公立医院，或者是纳入医保的医疗机构，而不是互联网医疗企业。

首先看医疗侧。目前，互联网医疗的收费标准对标的是门诊收费标准，可报销的额度很低，因为医保的总额有限。医保对于互联网医疗支付的原则与线下服务相一致，你必须依托一个实体医疗机构才能刷医保、报销网上的咨询费用。但是医院也在吃医保这块蛋糕，他们也在做自己的互联网医院。医保又是属地化管理，异地医保现在开通的也只有大病，连门诊都没有，报销的人数也非常有限，所以指望这样一个政策能够让整个行业出现大爆发是不可能的。

再看药品侧。因为异地现在也可以线上刷医保卡买药了，这对药品侧是不是利好呢？也不是。一是医保总额还是有限的，很难支持大规模线上刷医保卡买药。二是医保的支付也是跟线下的定点药店绑定，如果药店自己开办一家互联网医院，当然没问题；但如果第三方企业想去跟线下药店分享医保的额度，难度就相当大。三是医保的属地化管理使得异地医保无法在药店打通。

所以在医疗侧和药品侧，医保政策对企业的利好都不大，更多的还是利好医疗机构和药店，当然他们也是行业的组成部分，所以这个说法没有错：利好行业但是没有利好企业。

客观来说，这次政府的态度确实比 2017 年和 2018 年开放很多。医保支付逐渐在开放和松绑，但任何政策都会滞后于行业的发展，所以我们也非常期望互联网医疗的新政策开放度和容忍度更高一些。但还是那句话：保持合理预期。困境绝非一朝一夕可以打破的，且所有互联网医院面临的难题，绝不只是医保这一个问题。

医疗是以疾病为中心，健康是以生活方式为中心。一个低频，一个高频。我觉得医疗不太能创造新的需求，但健康服务更高频，也更容易创造出一些因消费升级而带来的新需求。

丁香园是做健康端而不是医疗端的公司，我们对于医疗行业充满敬畏，因为这是一个低频、高风险的行业，需要非常小心谨慎地探索，在这一方面，我们认为互联网能帮忙的地方有限。可是在健康端，大众越来越追求健康的生活方式，而丁香园和丁香医生的定位就是关注这种更高频、更刚需的健康需求。

我们认为这次疫情让整个互联网对医疗健康行业的推动比之前更深入，也更加整体，但在技术层面和政策层面，仍然存在较多的障碍，所以不要过于乐观，保持合理的预期。通过这次疫情和我们自己的体会，我们认为互联网、公共卫生和大健康领域存在更多的机会。当然，这只是相对而言，相对于医疗领域，它的机会会更多，而且也更高频。

疫情暴露了中国医疗的两个不足

Q：您提到要对今后的互联网医疗保持一个合理预期，您的预期是什么？

李天天：其实对于互联网医疗，还是要认清你的定位在哪里，如果你的定位就是在医疗的话，这个预期可能还要进一步压低，由于技术、政策的限制以及因为低频无法创造需求的限制，医疗行业很难在短期内出现高速的爆发式增长。

其实我更看好的还是面向日常生活场景的健康侧的服务和产品，我觉得这一块未来会有更快的增长。所以如果你做的真的是很硬核的医疗，还是要拥有敬畏心。医疗行业本身就是一个非常慢又非常保守、风险又非常高的行业。

Q：这次疫情暴露出了中国分级诊疗的不足，那么应该如何推进分级诊疗？互联网能做些什么？

李天天：在这次疫情中，我观察到的主要有两个不足。第一个不足是分级诊疗，以新加坡为例，在这次疫情中，新加坡应该说取得了非常不错的成绩。除了医院之外，新加坡还有 800~900 家 PHPC（Public Health Preparedness Clinic，公共卫生防备诊所），这和国内的发热门诊有些类似。新加坡这么小的一个国家居然有将近 1000 家公共卫生预备门诊，而且这些门诊大部分是私立的、由社会资本开办的，很好地承担了前哨的功能，帮助患者进行隔离、观察、指导、防护。

而在国内，无论是我们的社区医院还是公立医院，在这次疫情中都出现了医疗资源的挤兑，这就是分级诊疗做得还不够好。所以我觉得疫情过后，国家应该更重视基础医疗的作用，更重视民营医院、民营医疗机构和社会资本创办的诊疗机构，让这些如繁星一样散在各处的医疗机构能够更好地参与进来。

这次疫情中，武汉亚心医院以及亚布力论坛理事长陈东升创办的泰康同济医院都是民营医院，并且在这次抗疫过程中都发挥了非常重要的作用，都变成了定点医院。我觉得这都值得我们事后去反思，即如何进一步强化社会办医，进一步给社会办医机构松绑。

第二个不足更多的还是来自医疗行业本身，我自己也是临床医生，我在接受临床医生的教育培训过程中，能够接受到的公共卫生预防方面的信息非常少，在这方面的训练也非常少，中国绝大部分的临床医生都是按照专科医生的路径去培养的，所以很多医生对于公共卫生、传染病、流行病没那么敏感，有时候会漏掉发现传染病的机会。所以，对医生的教育体系，我们也要去反思。甚至在这次疫情中，大家也可以看到这样的现象，在前线发言、能够站出来讲话的，绝大部分都是临床医生，而我们的公共卫生专家、预防专家、流行病专家很少站出来输出观点。所以希望这次疫情过后，国家、政府能够更加重视 CDC（Centers for Disease Control，疾病控制中心）、公共卫生、流行病、传染病、预防医学在医学教育中的地位，能够把对疫情的防范工作融入我们的医学教育体系，定期让临床医生掌握这些疾病的知识。

这几年，气候变化越来越明显，全球变暖的趋势已经很明显了，现在已经出现了热带疾病、亚热带疾病北移的情况，比如登革热，现在浙江、河南、山东等地都出现了病例。所以这需要我们的医生，公共卫生领域、预防医学领域、流行病领域、CDC 的专家共同努力防范这些疫情。

Q：疫情激发了公众对互联网医疗健康的需要，阿里健康巨头也在加快步伐，未来丁香园如何面对更激烈的竞争？

李天天：我们不太会去想这种竞争的问题，虽然现在整个医疗健康领域在互联网的加持下发展得比较快，但是我个人认为还是处于一个非常非常早期的阶段，包括医疗方面的技术突破、政策突破都还面临很多障碍，所以我觉得竞争不是我们关注的重点，我们还是更关注用户。而做互联网产品，深度洞察用户是非常关键的。所以丁香园，

包括丁香医生未来的工作还是坚守既定的战略，坚持做健康，不做医疗、不做医院，我们的愿景是"健康更多、生活更好"，输出我们的专业能力，帮助民众养成更好的健康生活方式。

Q：目前疫情正在全球化，互联网能够为全球公共卫生事业做些什么？

李天天：在现在这个阶段，互联网能够做的就是充分发挥它在信息和技术这两个方面的巨大优势。首先是通过信息传播知识，因为互联网最擅长的就是消除信息的不对称，通过互联网把专业的、科学的、专家有共识的信息变成老百姓能够听得到、听得懂、听得进的语言，而能够去传播是互联网非常擅长的事情。

其次就是技术。技术能够做什么呢？国内有一些互联网机构在做疫情地图，新冠肺炎自我评测的平台等，这些东西都可以输出，变成其他国家也能够使用的产品和服务。

最后，等疫情逐渐进入尾声，我觉得互联网还能够做一件事，也是丁香园在准备做的事情：我们计划在团队内部保留这样一支力量，这支力量会持续扮演一个看门人的角色，盯住全球各地疫情的新变化，收集其他国家和地区出现的疫情新动态。在全球化的背景下，疫情也不只是一个国家

的事情，丁香园和丁香医生一定要有这种全球视野和眼光。

Q：远程医疗资源缺失能否得到解决？

李天天：当然能，现在我们很多医疗机构在通过互联网将自己的服务能力延伸下去，通过医联体、医共体，或者是跟远程的乡镇医院共建科室、共享专家资源，定点帮扶这些地区，让他们在当地就可以解决一些常见病、多发病，我觉得这是非常好的举措。

Q：现在大医院一号难求，互联网可以解决看病难的问题吗？

李天天：不能完全解决。互联网更擅长解决的应该还是健康方面的问题。比如，我作为一个神经科医生在网上回答患者提问，患者一句"大夫，我头晕"就把我难倒了。因为跟头晕相关的病太多了，我看不到患者，无法进行检查，也看不了他的身体情况，很难通过他的表述去解决一个医疗问题。所以我觉得，出于安全性的考虑，出于医疗质量的考虑，还是要去医院看病，这是不可能被互联网所取代的。

大医院一号难求的问题怎么解决呢？建立分级诊疗制度，鼓励社会办医，延伸大医院医疗机构的服务能力到偏远地区，通过这样的方式把一些常见病、多发病控制在下级医院，让真正疑难复杂、罕见的疾病出现在大医院里。所以这个更多的还是体制上的问题，不是一个技术问题。

Q：区块链、5G 给互联网医疗带来了什么变化？

李天天：互联网医疗还处于早期阶段，区块链和 5G 也是如此，两方碰到一块儿，现在还看不出来有什么变化。我现在能看到的，就是利用 5G 能够推动远程会诊。可是大家要注意，5G 技术虽然带来了远程会诊的便利，尤其是我们看到很多的医院、医疗机构都在用远程会诊跟前线医疗机构对接，可是疫情过后，平时我们看到的数据是不是这样呢？不是的。我记得我看过一个数据，很多医院在一年当中使用远程会诊的次数平均不超过 10 次，所以我们可能有点过于乐观，觉得 5G 技术一下子就让远程医疗变得触手可及，其实真正在现实生活应用中还是存在很多问题，比如医保问题、患者支付问题、医疗机构的意愿、医生的意愿、患者的意愿……这些还是挺复杂的，所以我也是抱着一个开放的心态，期待着区块链、5G 能够给我们这个行业带来更多的变化。

Q：新冠肺炎疫情之后，医疗行业就会进入大健康行业的下半场吗？

李天天：我觉得现在谈下半场还为时尚早，上半场也只是刚刚开了个头而已。医疗这个行业可能跟其他行业有点不太一样，如果你用其他行业跟它做类比的话，确实很多行业都已经到了下半场，但是医疗行业我觉得还远远没有到。

所以，在这个行业中，大家还是要保持足够的耐心，保持合理的预期，持续关注行业、技术的变化，用平常心、用开放的心态，去找到自己的定位、找到自己的机会。

数字化采购的降本之策

文 张红梅　阳光印网创始人、董事长

数字化采购是企业的必然出路

疫情之下，企业越来越重视成本，我会与大家分享如何通过数字化采购快速降低成本。

通过这次疫情我们可以看出，数字化采购做得好的企业，受疫情影响小。传统的线下采购肯定大受影响，因为供应链管理难度大、交货不及时、信息不透明，如果采购分散，还难以形成议价优势。进行数字化采购之后，采购频次的高低则对企业不会有太大影响。实际上，疫情是一个放大镜，反映出很多企业的采购短板。

我们通常把企业数字化采购分为两大类：核心采购和非核心采购。

所谓核心采购，是指生产所需的原材料及半成品、产品包装材料和生产设备等，这是每家企业领导和采购部门最重视的，而且品类相对单一，比较好管理。

所谓非核心采购，是指支持主营产品的周边包装、销售和推广的定制品、企业的运营物料等，包括印刷品、包装品、员工服装、礼品、公司福利，还涉及展览。非核心采购费时、费力、费人，品类繁杂，订单琐碎、更长尾、金额小，各环节庞杂，采购规律不强，非常难管理。这一类采购如果用数字化管理，可以把产品价格标准化，也可以为企业节省大量的管理成本。企业从非核心采购的数字化入手，开启采购的数字化转型或者优化，是很好的切入方式。

从 Gartner[①] 发布的 2020 年全球供应链 Top25 测评也可以看出，全球的领先企业在不断加大数字化投入。可以说，数字化采购是必然趋势，也是采购智能化的基础。

数字化采购不仅能帮助企业提高采购各个环节的处理效率，用更少的人做更多的事，用更少的资金采购更多的产品，也能有效解决采购过程中不透明、事件不可追溯性等问题，从而达到企业快速降本的目标。

基于这个前提，我们认为，SaaS 应用是企业采购数字化转型的必然出路。

阳光印网的解决方案

在数字化采购的大逻辑之下，阳光印网是如何帮助企业快速降本的？我们有三大模块。

第一，智采降本咨询。传统的采购降本方式，是靠企业采购人员去跟供应商压价，直到谈出双方互相满意的价格。在新的经济和技术环境下，传统模式不再适用。阳光印网通过结构化企业过往采购数据，再与我们的数据库对比，快速分析、判断该企业采购是否有降本空间。现在，我们可

---

① Gartner：指 Gartner Group 公司，它成立于 1979 年，是第一家信息技术研究和分析的公司。

以帮助企业整体采购成本降低5%~30%，甚至50%，并优化采购流程，告别跟供应商压价的时代。

第二，PNP数字化采购管理SaaS系统。由于每个企业的审批流程和组织结构不同，我们针对不同企业配置适合的、专有的系统，提升企业采购的合规性管理，优化成本控制，将SKU（Stock Keeping Unit，库存量单位）标准化，并进行全国统一管理。

第三，阳光集采。这是一项配合降本咨询和SaaS系统落地的采购服务，我们基本覆盖了一家企业非核心采购的所有品类，供应体系覆盖全国300个城市的1600个县、镇。

数字化采购对企业的三大考验

我们在推广数字化采购的过程中，也有一些观察和思考。

第一，数字化采购不仅仅是技术问题，更是对企业领导力和组织力的重大考验。数字化采购变革从来不是自下而上的渗透，而是自上而下的强力推行。只要企业高层努力，企业就可以实现数字化采购。

如果一个企业数字化采购转型不成功，90%不是技术问题，而是因为大多数员工不能理解它，从而缺乏正确和求变的思维。而且，企业领导的意图可能也不太明确。在投入数字化采购之前，企业要明确它就是一个战略。当然，有的员工认为数字化会对他们的工作造成威胁，有意无意地抗拒数字化。企业领导要认识到员工的忧虑，识别他们的恐惧心理，主动去解决问题。

企业也要为数字化转型和数字化采购搭建扁平化的管理架构，让变革的项目更加快速和敏捷。如果还是原来的流程，每一个数字化转型的决策要经过层层审批，管理链条太长，也不能及时纠正错误。

第二，数字化采购与企业一把手的认知有关。有的企业一把手认为原有模式很好，没有意识到采购价格高。但是，从阳光印网大量的咨询案例和数据对比来看，这显然是一个误区。企业应该用新的、数字化的思维看待采购问题，而在这件事情上，企业一把手是关键。

第三，企业降低成本的迫切性与企业文化有关。很多企业是在遇到降低成本的迫切性之后，才引入阳光印网的服务，变革采购模式。为什么原来保守？因为企业不希望像我们这样的第三方获得他们的采购数据。新冠肺炎疫情之后，每天都有企业来找我们，表示需要进行数字化改革，进行降本咨询。

那么，阳光印网到底改变了什么？

我总结了以下两点：第一，用数据比对替代传统供应商的比价，帮助企业快速降本；第二，结构化的数据推动智能制造发展。制造厂商由于订单过于分散，无法在某一个单品上降低制造成本。阳光印网 SaaS 系统可以集中收集原本非常分散的采购，将数据结构化处理之后再分享给制造厂商，形成智能制造的推动力，让整个供应链条都受益。

企业的非核心采购是一个巨大的市场，规模甚至达到 10 万亿元。我们希望把这些非标品的数据结构化，形成标品制造。这需要一个大的数字化操作平台收集 B 端客户的定制化需求，通过阳光印网进行数据结构化，再让工厂制造，提高整个行业的效率。

【提问环节】

Q：SaaS 采购系统是否适用于中小企业？

张红梅：阳光印网现在的主要客户群体是大型企业，但我们已经在研发服务于中小企业的 SaaS 系统，很快就会推出。

Q：企业做好数字化转型的核心难点是什么？

张红梅：关键在于企业领导者的态度是否开放、思路是否开阔。越早拥抱数字化转型，获益就越大，因此我们要善于利用新技术为企业创造新价值。

Q：系统对接之后必须用你们的供应商吗？是否可以在系统中对之前的供应商进行管理？

张红梅：这是一个很重要的问题。系统对接之后，我们会有两个模块：一个模块是阳光印网的集采会（作为其中一个供应商），另一个模块就是给企业自主管理的供应商。我们鼓励企业将好的供应商接入阳光印网系统。

Q：有多少企业用数字化采购管理系统？

张红梅：在中国，比例很低。疫情之后，变化明显，我拜访了大概六七十家企业，每到一个企业，他们都想做数字化采购。有的企业规模已经相当大了，还没有进行数字化采购的管理体系，有的企业找人开发了定制的采购管理系统，但后来发现那个系统不太适用。其实，企业采购非常需要经验和逻辑。企业开发自己的采购系统，大多不太成功，或者说基本以失败告终。为什么？因为定制需要企业内部对系统提出不同的需求，而他们往往只是提出需求，不会前瞻性地思考采购流程将来会碰到哪些问题，所以只能不断地根据需求打补丁，到最后发现很多逻辑是矛盾的，或者一些系统的架构没有预见性。我认为，企业的数字化转型最好是用现成的、比较好的 SaaS 系统。

后疫情时代的十大商业机会

文 刘立丰　益普索中国董事长兼 CEO

消费者需求的9个变化

根据我们 2020 年《企业怎样呵护消费者的"安全感"？解锁后疫情时代的商机》的调查数据，消费者需求主要发生了以下变化。

第一，相对于疫情暴发前，消费者对于保健品的关注度有了明显提高，尤其是补充维生素类、有益菌类和矿物质类的保健品。从保健品的服用行为来看，我们发现用户开始比以前更加有规律地服用；很多年轻人过去对保健品持怀疑态度，现在也开始抱着吃吃看的态度。

第二，含有高蛋白、高营养的乳制品在疫情期间成为消费者的宠儿，提高免疫力等功效品质成为消费者选购相关乳制品的关键。疫情期间，乳品的消费场景也在不断拓展，从"喝"到"吃"。

第三，受疫情影响，生鲜食品线下采购方式受限，线上生鲜 APP 的使用频次大幅度增加，74% 的人因为疫情原因开始使用或者增加使用线上生鲜电商。

第四，消费者对医疗器械等防疫物资，或者疫防类 OTC 药（Over the Counter Drug，非处方药）的使用数量和频次增加。

第五，疫情发生后，消费者对于动员父母接种流感疫苗的意愿明显提升，从 65% 提升至 85%，这是一个非常大的提升比例。

第六，有八成的受访者表示会寻求在线医疗平台的支持，七成以上的

人表示，未来他们会长期并且频率不变地继续使用在线医生咨询、问诊以及购药。

第七，用户对私家车的需求明显提升，根据 2 月的调查数据，疫情发生后愿意或打算乘私家车出行的比例有 32% 左右的提升。

第八，疫情发生后，69% 的车辆首购意向购买者会考虑健康配置，其中病菌过滤装置，包括内饰抗菌材料等，都是非常有吸引力的卖点；同时他们也非常希望能提供车类的专业抗菌消毒服务，这对车企是一个非常有益的提示。

同时，我们也看到有 79% 的首购意向者会选择在网上展厅、虚拟 4S 店看车，在疫情重灾区，在线购车解决方案，包括在线付款、在线保险、在线金融方案、资质审核等非常有吸引力。但我们也知道，大家还是会比较看中最后的上门试驾和交车，79% 的用户会选择在店里交车和试驾，但他们同时也有一些防疫需求，所以一定要提醒 4S 店做好消毒、防疫的工作。

值得注意的是，相对于其他国家的消费者，中国的消费者虽然有比较强的购车意愿，但他们对价格更加敏感，降价与否在很大程度上还是会影响他们的购买决策。

第九，62% 的受访者表示，他们有购房需求，但因为疫情的影响，66% 的人表示会推迟购房计划；仅有近 20% 的人表示会按原计划、提前购房。所以，房地产市场的恢复肯定还需要时间。

同时，受疫情影响，45% 的购房者会缩减预算；当然也有 52% 左右的人群，他们的购房预算没有变化，甚至还有增加。

我们也发现，疫情期间有 56.5% 的受访者表示他们愿意通过线上渠道看房，但实地看房仍然在成交环节中起到一个非常重要的作用。当然，有很多人群表示可以通过线上 VR 技术、线上中介推荐来了解房地产项目的信息等，这些都是房企应该重视的点。

疫情下年轻人消费观的变化

消费者钱包的分配发生了非常显著的变化。一种更加稳健的消费观应运而生，在健康、饮食、教育等领域相关消费增加的同时，一些享乐型的用户消费可能会相对减少。这对企业家、经济从业人士有比较好的指引。

年轻人永远是整个社会经济最有活力的一群人，疫情下，我们也对年轻人做过一些研究。我们发现这是一群能够克制行乐、理性规划、勇敢发声的人。我们调研的对象是 18~30 岁的人群，他们关心自己，也更关心世界，他们用自己的方式来满足对安全感的需求。

从消费者角度来讲，他们更倾向于在健康管理上投资自己，做长久的规划。他们会增加保险、储蓄方面的资产配置，提高"财务的免疫"。当然，年轻人对于公共事务也有强烈的参与感，他们更加积极地在社交网络中为弱者发声，努力寻求社会监督，而不做"灾难的旁观者"。

年轻人对 O2O（Online To Offline，线上到线下）和线上餐饮都非常熟悉，疫情期间，他们把这样一种方式传递给父母，或者通过这种方式呵护父母的健康，现在线上买菜是一个非常流行的生活方式。

我们发现，疫情中年轻人比往日有了更多知识付费方面的支出，在知识付费消费中，线上读书支出类最高，再就是一些专业问题咨询。

通过调查，我们发现年轻人也在意身体健康，在意财务稳健。健康管理的消费在提升，同时他们对保险类等支出、资产的配置也在增加，很多人期待疫情之后能够增加户外运动、健康管理类的消费等，这些对企业来说是非常有用的信息。

年轻人在不确定的时代在寻求职业稳定。疫情后，很多人更加希望在体制内的事业单位、国有企业工作，包括就职大型私企和外企的需求比例也在增加，这一点需要注意。我们发现"自由职业者"这个比例和疫情前相比，有所下降，年轻人可能更加重视职业的安稳。

世事无常，稳定的亲密关系难能可贵，疫情让我们发现，让更多曾经梦想漂泊天涯的年轻人回归家庭，也非常重要。我们发现年轻人结婚生子和买房、买车的意愿增强了，相对于其他城市，更多一线城市年轻人想买房了，高素质人群结婚生子的意愿增加了，但低收入人群生育的意愿反而下降了。疫情前和疫情后的未来规划有很多不同。

【提问环节】

Q：益普索作为一个国内领先的市场研究机构，正在从传统基于数据调研向所谓的"大小数据融合"转变，能否介绍一下你们转型的经验和思考？什么叫"大小数据融合"？

刘立丰："大小数据融合"是我们了解用户需求和看法过程中非常重要的一个部分。历史上，企业要想了解用户的需求，更多的是依赖调研公司收集的数据，现在由于电商、社交网络，包括企业自身的用户系统积累了大量的数据，我们称之为大数据或用户的行为数据。而通过调研获得的数据是小数据，也叫态度数据。很明显，对一个人的判断，除了听他说了什么，更重要的是看他做了什么，所以了解用户的态度，同时理解他的行为，能更好地帮助我们去理解、了解消费者的需求，这就是"大小数据融合"。

Q：在当前情况下，您对已经出海或者尚未出海的中国企业有些什么样的建议？

刘立丰：企业要想出海，非常重要的一个原则就是，需要了解当地的市场需求，怎样借助市场研究或者专业顾问咨询机构来帮助企业了解当地的用户需求肯定是一个非常重要的环节。做任何决策之前，有调查才有发言权，这是一个基本逻辑。同时，企业的社会责任、企业形象等都非常重要，海外消费者对这些方面有更高的要求，所以我们要特别注意。疫情之下，如何参与当地社区或当地国家的跟社会责任有关的事情，对企业来讲也非常重要。我想对没有出海的企业讲：海外市场的确非常巨大，但我们应首先要做好中国市场，在有能力的情况下，帮助中国品牌获得世界地位。

工业互联网产业涌现新契机

文 **南存辉** 正泰集团董事长

　　武汉重启后，我们又看到了车水马龙的景象，很受鼓舞。特别是武汉各区和各政府部门的投资意识、发展意识、服务意识令人耳目一新。疫情造成的危机需要大家共同面对。历史也告诉我们，每次危机都会出现并购、重组的机会，出现新技术、新产业的革命。危机将会推动经济社会实现新一轮发展。

　　习总书记高瞻远瞩，提出要加快形成"以国内大循环为主体，国内国际双循环相互促进"的新发展格局。这为我们的经济发展、社会进步指明了方向，同时也要求我们的企业提高产业链、供应链的稳定性与竞争力，补好短板、锻造长板，培育新形势下参与国际合作的新优势。想要构建双循环相互促进的功能性平台，我们就要搭建起更加开放的协同平台，实现创新力的共享与供应链的协同。

　　国内有超大规模的市场优势，且基础较好，机会也非常多。武汉要积极利用好丰富的科教资源优势，发挥光通信芯片储能等产业资源聚集优势，拉长科创的长板，突破"卡脖子"的技术。作为企业，要抓住机会，发挥自身优势。正泰集团计划在东湖高新区建立集团的华东技术创新研究院，以推动新一代物流网的技术研发与应用。

　　政府也应该发挥好科创资金的引领作用，打造联合的资本平台。受浙江省领导的委托，我牵头了8家民营企业，组建了浙江民营投资控股公司，希望用少量的引导基金去整合和带动大量的社会资源。我相信，政府用少量的引导资金能够撬动更大的社会资源，从而放大资本的效应，支持创新发展。

　　这次有众多大型央企和民企来支持武汉发展。如果将央企资金实力雄厚、成本低的优势，与民营企业机制灵活的优势相结合，共同推动混改，我相信，可以实现优势互补和互利共赢。

　　还有，龙头企业要发挥好产业链的优势。但凡存活了 5 年、10 年甚至 20 年的企业，基本上都有自身的完整产业链。我相信拥有创新资源联同完整的产业链，再加上政策扶持，双创一定会实现高质量发展。正泰集团也计划引入合作伙伴，在武汉建立高端制造产业园，加速产业孵化。

　　有人问我，在湖北重振、武汉重振中，正泰集团遇到了什么机遇？我认为，机遇很多。不论是刘永好董事长说的农业，还是郭广昌董事长说的医药业或商贸业，机会真的非常多。正泰集团在"工业电气和新能源"这两个领域，就遇到了两个历史性机遇。

　　一个机遇是第四次工业革命带来的数字转型的机遇。湖北正在形成物联网产业生态，武汉也拥有处于全国前列的物联网建设，正泰集团希望发挥自身工业互联网云平台及智能制造产业化的优势，助推产业数字转型，从而促进湖北、武汉的工业高质量发展。

　　举个例子来说，2015 年，正泰集团就已经在杭州进行智能制造的试点工作，一年以后，该项目在工信部挂牌了；集团在海宁建成的太阳能光伏产业工厂，在全球也是数一数二的。我们运用全自动化的方式，以基于物联网的数字化创新技术，为数字转型赋能，实现了智能制造产业化的转型。

另一个机遇是能源变革。10 年前，我国光伏发电的电价是 1.15 元，10 年后，哪怕是较为贫穷的西部的电价仅约 0.15 元。而在国外像沙特这样阳光好的地方光伏电价只有 1.04 美分，折合人民币不到 0.1 元。太阳能储能模式已经在全球形成了能源替代。正泰集团希望利用自身的智能物联网优势，加大力度推进武汉投资建设多业态、绿色、智慧、能源示范区，积极参与长江流域的生态保护治理工程建设，助力武汉的绿色经济发展。

我们也希望在智慧电力物联网、5G 加边缘计算、数据中心、智慧轨交、水务、楼宇、热电联供、能效管理技术等方面，助力建设"智慧武汉"。在内陆，我们做了很多探索，包括山地改造、海涂改造、海上风电、海上光伏等。我们在工厂屋顶上，还采用了户用分布式光伏发电和储能对接等技术，大大改善了能源结构。在助力智慧城市建设方面，我们还对园区、校区、医院、商场进行智慧能源配套，目前我们正在制订包括工业园区、智慧水务、能效管理在内的一体化解决方案。

中国经济要想实现双循环的新发展格局，企业和政府要积极发挥自身的作用，主要包括以下三类。

一是龙头大企业要发挥好产业链的作用，助力小微科创型企业加速孵化，加速成长，努力掌握核心技术，因为核心技术特别是"卡脖子"技术是买不来的；二是发挥政府科创资本的导向作用，汇聚社会资本、资源，助推创业创新；三是发挥优秀国企资金、规模成本等作用，结合民企机制等优势，让二者形成混改合力，使国企与民企共进，从而助推创新发展。

总而言之，在以"内循环"为主的双循环经济模式下，我们要遵循新发展理念，坚持创新，大胆改革，深化开放，紧紧抓住工业互联网、能源产业变革及经济社会转型的发展机遇，在新基建市场建设中，大力培育新产业、新技术、新业态、新模式。

第四篇

科技是企业的生命力

　　新的技术革命正向我们呼啸而来，5G、人工智能等新的技术每天都在改变我们的生活、生产方式甚至是整个社会。这场革命跟我们过去几十年所经历的完全不一样，现在正处于一个加速的过程。

　　互联网已经进入了下半场，互联网的机会和创业的机会也不多了。但是我们有一个巨大的机会，那就是我们真正生活的日常世界，即线下的现实世界远远没有被数字化。

药物研发应坚持"长期主义"

文 *吴劲梓* 歌礼制药创始人
上海药物研究所兼职研究员

一家抗病毒药物研发企业，在疫情中可以做什么

疫情暴发之初，我们就组成了一个特别专家组，快速启动了三项临床试验，包括我们已上市的慢性丙型肝炎蛋白酶抑制剂——达诺瑞韦，这三个试验目前已经完成了一个小样本临床试验。在试验中我们将药无偿提供给医生、病人。我们研发的三个不同的创新药，从达诺瑞韦到 ASC09/ 利托那韦复方片，从技术角度支持了奋战在第一线的医生，尤其是武汉的医生。

这次的新冠病毒传染性非常强，也造成了全球的疫情泛滥。虽然中国采取了高效措施，很快控制住了疫情，但疫情在全球的发展势头并没有得到很好的遏制。

这次疫情的暴发凸显了抗病毒药物研发的重要性。新冠肺炎是一个重大公共卫生问题，目前控制病毒有两个方法：一个是疫苗；另一个是抗病毒药物。在没有疫苗的情况下，抗病毒药物可以治疗已被感染的患者，有效切断传染源，有效控制病毒的传播。

新冠肺炎疫情来临，如何筛选潜在候选药物

这是一个非常深奥的科学问题。

首先要看靶点，因为我们研发的都是靶向抗病毒药物。从新冠病毒的病毒结构、病毒复制的情况来看，我们发现了两类有效的靶向抑制剂：第一是抑制新冠病毒蛋白酶靶向抑制剂，有歌礼研发的达诺瑞韦和歌礼正在做临床开发的 ASC09/ 利托那韦复方片，还有艾伯维研发的洛匹那韦利托那韦复方片以及其他的蛋白酶抑制剂；第二就是靶向聚合酶核苷类抑制剂，如大家都知道的吉利德公司研发的瑞德西韦和其他公司研发的法匹拉韦。

除了直接靶向抗病毒药物以外，还有靶向宿主抗病毒药物，如干扰素。雾化干扰素有可能成为靶向宿主抑制剂，当然，同时还有其他的靶点。

歌礼制药作为抗病毒的领军型企业之一，有多年的沉淀，所以在疫情暴发之初，我们就重点看了公司抗病毒产品线中有哪些药有可能拿来应急。

我们找到了三个药。第一个是达诺瑞韦，是治疗慢性丙肝的蛋白酶抑制剂。达诺瑞韦于 2018 年 6 月被国家药监局批准上市，适应症是慢性丙型肝炎。其他还有两个在研的抗艾滋病蛋白酶抑制剂，如 ASC09/ 利托那韦复方制剂，又叫 ASC09F。

达诺瑞韦联合利托那韦有望成为治疗新冠肺炎的有效方案

目前，我们第一期临床试验，也就是已上市治疗慢性丙型肝炎的蛋白酶抑制剂达诺瑞韦治疗新冠病毒肺炎的临床试验已经完成了。

这个研究于 2020 年 2 月 16 日获得南昌市第九医院伦理委员会批准

（做临床试验要把病人安全放在第一位，所以一定要有伦理委员会批准）。
效果样本试验共有 11 位病人，都是普通新型冠状病毒肺炎患者，因为抗
病毒疗法就是要用得早——在病毒刚刚感染人体，还没有造成肺部重症从
而需要呼吸机或者进入急诊室和 ICU（Intensive Care Unit，重症加强护
理病房）的时候，就用上抗病毒新药。这 11 位患者中有 2 位初治患者和
9 位经治患者。初治患者就是病人从来没用过任何抗病毒药物，直接用上
我们的达诺瑞韦联合利托那韦。9 位经治的新冠肺炎患者，是在用了一些
抗病毒药物后，疗效不够显著，医生决定让他们转用我们的达诺瑞韦联合
利托那韦。

　　这 11 位患者经过短时间的治疗后，全部达到国家规定的出院标准并
出院。出院标准，包括体温恢复正常 3 天以上、呼吸道症状明显好转、肺
部 CT 有明显病灶的改善等，还有大家都知道的核酸检测连续二次阴性。

　　我们高兴地看到，歌礼研发的达诺瑞韦联合利托那韦疗法，对病人的
治疗效果非常明显，速度也相对较快。所有患者的核酸检测首次呈阴性的
时间中位数为 2 天，核酸最快 1 天就转阴，最慢 8 天转阴。同时 CT 影像
学结果显示，病灶明显有改善的时间中位数为 3 天，最快的 2 天，最慢的
4 天。

　　虽然这是一个小样本的临床试验，我们还需要更多的临床数据来证明
达诺瑞韦联合利托那韦的疗效，但是我们已经可以看到，达诺瑞韦联合利
托那韦有望成为治疗新冠肺炎的有效方案。

　　正在开展临床试验项目的还有我们的 ASC09/ 利托那韦复方片。我
们给华中科技大学同济医院和浙江大学第一附属医院的医生们提供了无偿
的药品，宁琴教授和裘云庆教授领导的团队都在最困难的时候启动了临床
试验。

　　抗病毒疗法有两个重要靶点：一个是新冠病毒的蛋白酶抑制剂；另一
个是新冠病毒的聚合酶抑制剂。2020 年 2 月 10 日，著名的杂志《自然》
发表了一篇文章，里面也提到了歌礼正在做的临床试验，其中包括抗艾滋
病蛋白酶抑制剂试验，所以科学界对靶点和歌礼的临床试验是认可的，对
此我们感到非常高兴。

抗病毒的药物研发需要什么样的顶层设计和战略布局

下面我想跟大家分享一下抗病毒药物的顶层设计和战略布局。

我分享两个案例。

第一个是人类通过几十年的努力，成功控制了艾滋病。

在艾滋病病毒刚刚被发现的时候，艾滋病就是死亡的代名词，经过几十年的努力，2006 年联合国卫生组织宣布艾滋病成为一个可控制的慢性疾病。

怎么做到的？科学家们经过全球的协同努力，找到了三个有效的靶点，研发出近 30 款抗病毒药物，每个靶点大概 10 款，从而成功地把艾滋病从死亡代名词转变为一个类似高血压、糖尿病的可控慢性病，只要吃药就不会发病，传染给别人的机会也非常小。

这个成功的案例提示我们，抗击新冠病毒不能只依靠一个靶点、一款新药，需要不同机制的有效药物，需要若干个药物的协同作用或者鸡尾酒疗法。

第二个就是我们研发慢性丙肝的经验。

很多年前，慢性丙肝很难治愈，现在用上我们歌礼的达诺瑞韦，用药 12 周治愈率可以高达 99%。在这个过程中，我们学到了很多东西。什么叫治愈？治愈一定要有有效的检测手段。所以，从抗击慢性丙肝的经验中我们学到，不但要有好药，而且要有好的检测手段，才能确诊患者是否被治愈。

实际上，抗病毒药物的技术挑战非常大。为什么？因为病毒在不断地变化。比如流感病毒，我们每年都要打预防针，就是因为流感病毒变化太快了，所以每年科学家会针对下一年可能致病率较高或者是流行最广的三种病毒研究出疫苗，然后尽快用上，而到第二年这三种病毒又换了。所以，抗病毒药物和疫苗的研发有很多不可预测的因素。

新冠病毒的蛋白酶和聚合酶与 SARS、MERS（Middle East Respiratory

Syndrome，中东呼吸综合征）、慢性丙肝、艾滋病有一定的相似性，所以我们把以前研发的药拿来做临床试验，看看有没有疗效。在整个新药研发中，靶点非常重要。刚才我也说了，艾滋病之所以从一个死亡的代名词变为一个可控制的慢性病，就是因为科学家通过几十年的研发找到了三个有效的靶点。而新冠病毒的发病历史很短，才几个月，所以抗病毒的药物研发任重而道远。此外，根据抗艾滋病和抗慢性丙肝的经

验可知，病毒会突变，所以现在研发的有效药物将来是否有效，还是个未知数。所以，抗病毒药物的研发技术挑战非常大。

我们希望能通过老药新用、新药新用、开发新药，找出若干个有效的靶点，研发出很多创新药，这样才可能控制整个新冠病毒疫情。特别是新冠病毒疫情如果第二次暴发，我们可以有好的药作为储备。

根据麦肯锡的数据，2018—2019 年在港交所和纳斯达克上市的生物技术公司中，约 67% 的生物制药公司专注于肿瘤领域，歌礼当时是中国香港主板上市的唯一专注抗病毒药物研发的企业。中国很多的新药研发都关注肿瘤，这是因为肿瘤领域非常重要，关乎国计民生，但这次新冠疫情的暴发，让我们看到抗病毒药物的研发同样也是关乎国计民生的一个重要环节。抗病毒药物的研发必须有顶层设计，靠一家企业、一个药、一个靶点是不能控制新冠病毒的流行的。

疫情对我们有什么启示？

第一，企业需要有担当和创新，要坚持抗病毒药物的研发和创新，因

为病毒在变化，我们的研发策略也要随之而改变。随着病毒的不断变化，我们要研发出可以抑制这些病毒的靶向药物。

第二，提高研发的组织效率和执行力。疫情就像洪水一样凶猛，如果在关键的时候我们不能快速拿出一些创新药，没有很好的执行力，最后恐怕会后悔莫及。就像这次新冠病毒肺炎疫情，歌礼的这几款创新药并不是发现了新冠病毒以后才研发的，而是我们七八年来对抗病毒领域的研发积累。可以看出，临时抱佛脚是来不及的，一定要坚持自己的研发方向，有多年积累才可以在关键时候拿出一些有望成为治疗新冠病毒的有效候选药物。

第三，要整合资源，加强全方位的合作。病毒不会在某个地方、某个国家止步不前，即使我们实施了很好的措施，这个病毒还会流行。目前，中国的疫情基本得到了控制，但全球疫情仍然严重，要想控制疫情，需要全球全方位的合作，需要不同的国家、科研机构、监管机构及企业携手，因为病毒，尤其像新冠病毒这样传染性极强的病毒，是我们人类共同的敌人。

第四，抗病毒需要国家的顶层设计。病毒是一个突发性的公共卫生事件，这需要国家有完善的重大疫情防控机制、健全的国家公共卫生防控和应急体系。

此外，吉利德研发的瑞德西韦在这次新冠疫情中也受到广泛关注，虽然他们的临床结果还没有发表出来，但我们很期待瑞德西韦有疗效，因为现在特别需要新药，而且不止一个。瑞德西韦实际上不是针对新冠病毒研发的，而是针对埃博拉病毒研发的，所以可以再次得出结论：临时抱佛脚是来不及的。吉利德是一个伟大的制药公司，专注抗病毒药物研发。所以这次疫情也给了我们一个启示：从国家层面、顶层设计的角度来看，中国需要有自己的吉利德。

第五，要确保抗病毒药物研发的可持续性和长期目标的制定及实现。我们有很多办法，但是在疫情结束以后，研发必须持续，如果疫情一结束我们就一哄而散，那如果下次再有任何突发性公共卫生事件，我们一样会措手不及。

如何加大重视公共卫生领域抗病毒药物研发

首先要建立抗病毒药物研发的储备机制。很多发达国家都有应急药物研发储备机制，我们也看到马云基金会、比尔·盖茨基金会等很多基金会都在投入资金支持抗病毒药物研发。

具体来说，药品审评审批需要一个应急机制，这就需要立法。我们需要明确在紧急情况下，什么样的药物可以通过应急通道尽快上市，惠及病人。没有明确的立法，疫情来了，我们照样会措手不及，不知道哪些药是好药，也不知道哪些药可以且应该快速审评上市。

同时，我们要持续地研发、成果转化，要有抗病毒药物的储备。我们希望政府和医保系统有相关的激励机制，在疫情过去的情况下，依然要鼓励持续的创新药研发。国家跟企业之间可以有一种协议，明确即使在没有疫情的情况下，国家从抗病毒战略的角度出发，也会继续向企业购买有确切疗效的抗病毒药物作为战略储备，这样能保证研发的可持续性。我们也在探索政府、民营企业的共同投入模式以及与基金会、非营利性基金会、企业、政府、监管机构之间的合作模式。

未来我们应该做什么

最后总结一下，这次新冠肺炎疫情我们获得了什么？学到了什么？在未来的国家层面或者是抗病毒的战略顶层设计上，我们应该做些什么？

这次新冠肺炎疫情的暴发和蔓延，对医药行业是一个严峻的考验，这也给了我们一个深刻的启示。

有专家提出，新冠病毒可能像流感一样慢性化，未来几年在局部流行。会不会这样？目前我们不知道答案，但是我想还是要做到有备无患。针对新冠病毒的药物研发和临床研究，不应该因为疫情的结束而停止。

根据成功控制艾滋病的经验，我们需要多个靶点、多个药物来抗击新冠病毒，而不能只靠一个靶点、一个药物。我国有很多企业对慢性病、肿瘤都有重大投入，希望通过这次疫情，我们在病毒性疾病上也会加大投入，尤其在新型病毒药物和疫苗研究上。经过二次病毒侵袭，立足于自主研发的技术成果抗击病毒才是正道。中国一定要有自己的抗病毒药物、抗病毒疫苗的战略储备。

最后，抗击新冠病毒，需全球共同努力、协同创新，在全球范围内不同的国家和政府要有一个政策支撑体系，携手共抗病毒。我们也看到，在联合国卫生组织的协调下，不同国家正在携手开展治疗新冠病毒的临床研究。

通过这次疫情危机，我们意识到需在抗病毒疫苗和药品研发上加大投入力度，国产创新药企业也一定能走向世界前沿，为全人类的健康、和平做出更大贡献。

【提问环节】

Q：一款抗病毒药物从研发到临床试验再到真正的临床应用，周期是多久？歌礼这次进行抗新冠临床试验的药物预计何时可以真正投入临床应用？

吴劲梓：新药研发是一个漫长的过程，一个创新药从靶点的发现、靶点的验证到临床前的动物试验，到临床一期、二期、三期，一般需要 10~15 年，耗用的资金在 10 亿美元以上，所以我们经常说"十年磨一剑"。

Q：国内的疫情已经得到了很好的控制，但在国外抗病毒医药研发发达的国家，为何疫情仍然迅速暴发？这对于我们国家自主创新的药企来说是否意味着机会、机遇？

吴劲梓：我认为是的。欧洲、美国等地的疫情势头还没有得到控制。歌礼因为有多年的抗病毒药物储备和沉淀，所以我们有达诺瑞韦这样的药，虽然批准的适应症是治疗慢性丙型肝炎，但是由于它的蛋白酶结构有相似性，小样本证实对新冠病毒普通型患者的效果也不错，所以我们也觉得应该尽快拿到国外去做更多的临床试验，来验证达诺瑞韦是否可用于新冠肺炎的治疗。这是中国企业走向国际的一个非常好的机会。

新冠肺炎在中国的暴发，给我们带来了巨大的考验，也带来一定的损失，但是中国科学家、企业首先启动了治疗新冠病毒的临床试验和相关研究，所以在这个领域，我们比发达国家积累了更多抗击新冠病毒的经验。这就是中国抗病毒创新药企业的机遇。

Q：SARS 相关药物研发半途而废，有技术原因，但更主要的是市场需求突然消失。新冠药物研发会不会重走 SARS 的老路？您刚才提到的由国家顶层设计，企业、科研机构、监管机构等共同参与的模式，能否有效地解决这个问题？

吴劲梓：这个问题问得非常好。2003 年的时候，我们有很多研发 SARS 的新药和疫苗，疫情一过就一哄而散，这是一个教训，我想这次我们会认真吸取这个教训。因为疫情得到控制了，市场需求看似消失了，但是如果我们有重大的公共卫生防控意识，就会意识到这次疫情不会是最后一次全球性病毒性疾病的暴发和流行，还会有下一次。所以，如果新冠病毒肺炎疫情一得到控制，就完全停止抗病毒药物的研发，下一次再有其他疫情我们仍然会措手不及。

歌礼为什么在新冠肺炎疫情暴发的时候，就能拿出三个可能有疗效的候选药物，正是因为我们多年来一直坚持抗病毒药物的研究。所以即使新冠病毒被控制住了，但抗病毒药物的研发不能停止，因为病毒有一定的相似性。多年的沉淀一定会在下次疫情暴发时派上用场。

Q：抗病毒是否需要国家顶层设计和战略协同？

吴劲梓：答案是一定需要。因为病毒是我们人类的共同敌人，一旦疫情暴发，即使采取不同的政策和措施，但病毒的传染很难被控制，不但从一个城市蔓延到另一个城市，而且从一个国家蔓延到其他国家。这也是我说抗病毒需要全球协同的原因。

关于抗病毒药物的顶层设计，我认为需要"三足协同"。第一，国家监管机构要立法，制定一系列有效的应急情况的药品审评和临床应用的法规。第二，企业在疫情结束后不要一哄而散，要持续做抗病毒药物的研发。第三，科研机构、医院需要在疫情来临的时候按照GCP（药物临床试验质量管理规范）的要求做高质量的临床研究。"三足协同"，就是我们需要的顶层设计和战略协同。

科技与微生物是一部博弈史

文 尹 烨 深圳华大基因股份有限公司 CEO

其实从 SARS 开始，大家就总觉得病毒是人造的，尤其是在 SARS 期间，因为感染 SARS 的大多是中国人，或者说是东亚人。所以一度有传言说，SARS 是白人，怀疑它是美国人制造的生物武器、基因武器。在新冠肺炎疫情初期，我们也听到了大量类似的阴谋论，但是后来我们发现，除了南极洲，全世界的 200 多个国家和地区几乎无一幸免。换言之，其实这个病毒已经来到地球上亿万年了，原先之所以没有感染人类，是因为我们和环境、野生动物之间保持着安全距离。如果人类不能停止贪婪，比如继续乱砍乱伐、肆意捕猎野生动物，那么我相信，大自然或者说我们的生态圈一定有办法惩治人类。所以病毒从哪儿来不重要，重要的是我们当以什么样的态度去回应，并预防下一次可能带来的危机。

疫苗依然是人类防范烈性传染病最好的方式

目前，全球的新冠肺炎疫情致死率在 6%~7%。但在中国（除湖北以外的数据），在医疗资源相对充足的情况下，它的病死率不足 1%，这相当于一次比较烈性的流感。

历史上哪一种病毒造成的死亡人数最多？第一名是天花。第二名是人类免疫缺陷病毒，也就是艾滋病。现在它依然在非洲肆虐，感染致死人数每年大概有 10 万人。第三名是麻疹，其实麻疹在历史上也一度被认为是传染性最强的病毒之一。

SARS 的基本传染数是 2~2.5 个，基本传染数通常被写成 R0，即在没有外力介入，同时所有人都没有免疫力的情况下，一个感染到某种传染病的人，会把疾病传染给其他多少个人的平均数。

虽然关于新冠病毒基本传染数的数据不太一致，但基本的共识是它比 SARS 的传播性要强，它的 R0 大于 3。美国哈佛医学院给出的数据，也一度高达 5.7，但是麻疹的基本传染数最高可接近 16，所以在没有很好的防范，特别是没有疫苗之前，麻疹病毒的传播效率还是非常高的。

近年来，中国的麻疹都通过疫苗防住了，但在 2018 年，麻疹又造成了上万人的死亡，原因在于这几年在发达国家，尤其是在以美国和欧洲为主的发达国家中，经常有人反对接种疫苗，进而造成疫苗接种率下降。换言之，疫苗依然是人类在生物技术领域发展出来的最强武器，没有之一。天下不存在百分之百安全的东西，我们不能要求一个疫苗在上百万的接种量时，一定不发生一些偶合死亡。

其实从目前来看，相比于它的风险和收益，应该说及时按期注射有质量保证的疫苗，依然是人类防范烈性传染病的最好方式，尤其是病毒引起的疾病。

为什么我们会觉得新冠肺炎疫情这么特殊呢？那是因为这是人类历史上第一次使用大规模分子生物学技术去查一个病毒。我们看到了很多以前没有看见的事情，我们遇到了很多以前我们不知道的名词，所以我们就觉得这个病毒似乎很新鲜，甚至很可怕。

但我想说的是，不管是在病毒学家的眼里，还是在像华大基因这样以基因组学为背景的科研工作者眼里，新冠病毒有特点，但不特殊，且它并没有离开一个 RNA 病毒应该有的特质。

四个公众普遍关心的问题

第一，新冠肺炎疫情什么时候可以结束

其实我也不知道。甚至它会不会结束，也是学术界共同讨论的一个问题。

SARS 来势汹汹，但到 2003 年 6 月就戛然而止，我们也不知道这个病毒为什么就没有了，确实也没有再出现过。那么新冠病毒会不会也这样？如果天气逐渐转暖，是不是疫情也会像当年的 SARS 一样戛然而止？但就印度最近的疫情情况来看，似乎这个愿望破灭了。而越来越多的科学家，包括中国的科学家都在说，人类要做好病毒卷土重来，甚至长期共存的准备。

所以我觉得，至少这波疫情在 2021 年内不会结束。长期来看，它会不会转成慢性疾病，或者季节性、社区性疾病，我们也要做好准备。

怎么去应对这个挑战呢？一方面我们要不断去寻找合适的药物；另一方面我们要积极研制疫苗。

所以，我们不能太乐观，但也绝不用悲观，本来人类的发展史就是我们不断和微生物进行博弈、平衡、斗争的一部历史。在人类跟病毒斗争的所有决战中，人类一直赢到了今天，但迄今为止，从来没有大获全胜，如结核杆菌，现在有非常高的比例患者是隐秘性感染者，甚至其携带者是全耐药结核，或者是多重耐药结核。所以我们要对微生物保持足够的敬畏，认为掌握了技术就能人定胜天是妄想，也不符合今天的生物学原理。

第二，新冠病毒有没有药物

新冠病毒既然是一个病毒，就一定有药物可以有效缓解、对抗，甚至治疗它。

但有没有特效药呢？其实特效药往往都是存在于科幻片、电视剧里，实际上，消灭细菌可能会有特效药，前提是这些细菌并没有耐药性。但

病毒的复制都不是靠自己，它一定要寄生，且它寄生的部位就在人的细胞内。

因为大部分病毒都贮存于细胞内，如果要杀死病毒，药物就需要进入细胞甚至杀死细胞。因为我们很少能找到一些药物能进入人体的细胞内进行工作，而不是只看血药浓度。所以，对于很多病毒，我们基本上还是通过 B 淋巴细胞（属于白细胞的一种）产生浆细胞，进而分泌抗体。这些抗体就相当于细胞射出的弓箭，可以特异性地识别病毒并杀死病毒，其实就是通过调动人类自身免疫力来对抗新发的病毒并杀死病毒，这也是疫苗的原理。

我们应该根据新冠病毒的复制特点及其目前导致病程的相关特点，推荐一些药物。如一度大热的"阿比多尔"，曾经就被很多临床医生推荐，而当时只有中国和俄罗斯有这个药。

我重点想说的是"磷酸氯喹"，比它副作用更小的是"磷酸羟氯喹"。氯喹是与奎宁化学结构相近的人工合成抗疟疾药，虽然已经问世 70 多年，但它在对抗一些冠状病毒上是有效果的，所以科技部牵头组织了多家医院，对氯喹、羟氯喹进行临床实验，目前看起来效果不错。现在的结论是，虽然氯喹不直接杀伤病毒，但氯喹可以有效防止细胞因子风暴，使得人类的免疫系统没有因为新冠病毒的侵入而过分激动。

其实，很多病毒并不一定要除恶务尽，而是要顺势而为，直到体内的抗体累积到一定程度的时候，再逐步反攻，否则可能适得其反。大家经常说要提高免疫力，如果你的免疫力低下，你应该提高，但如果你的免疫力正常，就别老追求免疫力提高，免疫力恰当就好。免疫力过强，可能会导致自身免疫性疾病，反而得不偿失。

另外一种药叫"法维拉韦"，也叫"法匹拉维"，是浙江海正药业生产的，中国也只有这家企业有授权。目前来看，这个药确实对去清病毒及限制病毒复制有一定的作用。更好的是，这个药物是一个药片，可以口服，相对于"瑞德西韦"必须注射来看，服用起来更方便。它的价格相对也比较便宜，我看最近的招标价，一片低于 20 元。

中国有非常多的患者使用了中药，包括"肺炎 1 号"汤，这个作用怎么样呢？目前来看，我们认为在轻症、中症这部分患者当中，中药跟氯喹的效果很相像。它可以很好地调节人体免疫力，防止这部分人转成重症。换言之，如果是重症患者，中药和西药的办法都不多。

第三，关于胶体金试纸条

什么是胶体金试纸条？跟验孕棒是一样的方式，我们把血液滴进去，如果出现了两条杠，就表明你这一刻已经有了新冠病毒的抗体，记住，这只能证明你被感染过，而不能说此刻正在被感染。因为我们打了疫苗，你的抗体也可能是阳性的。

能不能用胶体金的方式做筛查工作呢？不能，因为这个方法查的是抗体，抗体的产生往往要在感染一周甚至更长的时间后才能被检查到，如果采取这个方式，肯定会出现大量的漏检，应该采用的筛查方法是查核酸，核酸是什么呢？核酸就是病毒。这就是为什么最近我们经常会看到，一些中国厂家出口的产品总是被不同的国家 diss[①] 质量不行，其实是他们用错了，那个产品本来就不是用来做筛查的。

其实胶体金技术已经问世至少 40 年，只是这次用在了新冠病毒上。我特别强调，筛查一定要检测核酸，胶体金只是有效的辅助诊断方式。

第四，新冠病毒能否通过母婴垂直传播

目前看来，新冠病毒通过母婴传播的风险和可能性较小，至少还没有遇到这样的病例。那新生儿是怎么被感染的呢？可能是后来被其他亲人所感染，并非通过妈妈的垂直传播。

---

① diss：意为对……不尊敬；不公正地批评。

如何知道新冠病毒能否实现垂直传播呢？取羊水。如果妈妈携带的病毒可以突破胎儿的胎盘屏障，进入羊水中，且婴儿在羊水里呛了一下，就有可能被新冠病毒感染。所以当时我们也取了一部分羊水做检测，但并未在羊水中检测出新冠病毒，进而就打消了这个疑虑。羊水其实是新生儿在妈妈肚子里的一种特殊体液，不光能通过胎儿脱落的细胞来辨别胎儿的基因有没有问题，甚至可以通过高通量、高灵敏度的质谱检测，来完成对羊水中的代谢物筛查。人类有非常多的遗传病，这些对新生儿的危害比新冠病毒大得多。如果我们可以通过羊水代谢物进行相关检测，产前诊断的标准将会大幅度提升，从而为得到健康宝宝保驾护航。

【提问环节】

Q：中国的抗疫物资就遭遇过好几个国家的退货，结合以前的假疫苗事件，您怎么看待中国医药用品的质量与监管？

尹烨：一方面，我们要不断地加强行业自律，尤其我们今天的监管更多的是静态监管，即重注册、重审批，而等产品上市以后，监督力度往往不足，这样会给一部分欠缺商业操守的商家机会。

另一方面，其实也不能因为其他国家的退货行为，就简单认为中国的产品和质量不行，如同我刚才所讲的胶体金试纸条案例，在这种情况下，我们应该据理力争，包括通过动用法律条款来保护自己。当然，我们也要特别小心一部分国家的恶意抹黑。对于头部公司和行业翘楚，我们还是应该有更强的国际化抵御风险能力，也防止在这个过程中遭遇一些不必要的损失。

Q：华大基因是否有在进行，或与其他机构合作开发新冠疫苗？进展怎么样？

尹烨：华大基因上市公司体内并没有自己做疫苗，当然我们会为一些科学家提供疫苗的相关技术支撑。我想，在生物技术方面，中国现在应该已经处于世界第一阵营。

AI 时代不懂技术，投资会踩到陷阱

文　王维嘉　Aim Top Ventures 创始合伙人

作为投资人，要懂得人工智能的产业生态，即了解该产业里有哪些不同的组成部分，它们之间的关系是什么。

2010—2020 年是人工智能的第一阶段，也是尝试阶段。2020—2030 年是人工智能的第二阶段，即再造产业阶段。这个阶段的 AI（Artificial Intelligence，人工智能）开始落地，与各个产业结合并产生价值。

判断AI可应用领域的三个依据

当下我们正处在 AI 应用的"黄金十年"。AI 可以应用在哪些领域呢？三个判据：第一，该行业要能产生大量的数据，没有数据 AI 就无用武之地；第二，该行业目前的效率还有很大的提升空间；第三，该行业要具备较大的市场规模，没有利润大家不会贸然进入其中。

AI 在医疗健康行业的应用就符合以上三点。医疗健康行业是美国第一大行业，占美国 GDP 的 16%。人工智能在这方面的应用可分为四类。一是在精准医疗方面的应用，即可根据每个人的不同情况做出精准诊断，并且提供个性化的治疗方案。二是在新药发现方面的应用，AI 可以大大加快新药发现的速度。这次疫情全球有 120 多个团队在研制疫苗、几百家公司在竞争新药发现。三是在先进医疗设备方面，许多医疗设备都需要用到 AI。四是在个人的健康管理方面。

人工智能的投资有别于传统行业。以互联网行业为例，互联网行业主要投资的是商业模式，无论是投滴滴、Uber、阿里巴巴，还是亚马逊，弄懂其商业模式就可以进行投资。但人工智能不同，它不仅要求投资人熟悉商业模式，还要求他们懂技术。不懂技术就无法了解 AI 在行业上的应用场景，也无法预估它的投入产出率和风险。

AI技术促使暗知识浮出水面

AI 技术的本质是什么？简单一句话：就是从海量数据中抓出数据之间的相关性。所有的生命都是由蛋白质构成的，这次我们在新冠肺炎疫情中研发特效药或疫苗，实际上就是要阻断新冠病毒和人体细胞上一个叫 ACE2 的受体蛋白质结合，如果能阻断它，病毒就无法感染我们。过去要想了解蛋白质的三维结构非常困难，现在谷歌可以根据它的基因算出蛋白质，这是基因技术的 AI 对生命认识的巨大进步。

但我们发现了人工智能的新问题：它能知其然，但不知其所以然。举例来说，我们都知道阿尔法狗下围棋可以战胜人类，但它具体是怎么下赢的？阿尔法狗、阿尔法狗的工程师、我们所有人都不知道这个问题的答案。AI 只会告诉我们结果，却不能告诉我们是如何得到这个结果的。这就促使我们思考：是否存在人类还未觉察到的一类新的知识？

我们把知识分成两个维度：是否可表达和是否可感受。一类知识既可感受也可表达，如阿基米德的浮力定律。我们躺在水里可以感受，也可以用很简单的公式把浮力定律写出来，同理，牛顿的三大定律也是如此，它们都是既可感受又可表达的知识；另一类是我们可以表达但无法感受的知识。如广义相对论、量子力学、微观世界的运动规律等，我们无法感受它们，它们却能清晰地用数学方程式表达出来。

还有一类知识就是 70 年前发现的"默知识"：可以感受不可表达。如我们骑自行车的知识。用这个分类我们发现还可能存在一种既不可感受也不可表达的知识，我们称之为"暗知识"，这就是今天人工智能、神经网络发现的一类新知识。比如阿尔法狗下围棋，机器发现蛋白质结构，人脸识别的那些知识。能用文字表达的明知识只是所有知识里的冰山一角，那些绝大多数藏在脑子里的默知识就像水面下的冰山。而我们无法感觉又无法表达的暗知识，就像整个海洋。

压抑疫情二次反弹的唯一方法

这次全球危机和以前所有的危机最大的不同在于，它不是由经济产业和金融本身的因素造成的，完全是因为外来因素，所以这次疫情是全球危机的主变量。不了解疫情，你就根本没法去预测下一步的经济形势。所以，如果一个经济学家、金融学家对疫情、病毒、药物和疫苗都不懂，那他的预测基本上可以不听。

长期来看，疫情的终结还是要靠疫苗，但疫苗研发非常困难。不同于一般药物，疫苗对安全性的要求极高，因为它是给全世界 70 亿的健康人口接种，但凡出了一点问题，造成的损失不可估量。所以疫苗在开发过程中要做大量安全性的实验。

中期来看，应对疫情主要靠药物。但所谓人民的救星、氯喹等药物对某些人有效果，并非绝对有效。

短期来看，一两年之内，我认为唯一能抑制住疫情二次反弹的应对方法就是检测、跟踪、隔离和戴口罩。

AI大幅度提升药物研发速率

人工智能在医疗行业有哪些应用？在疫情期间，AI能做些什么帮助我们共渡难关？

任何疾病的成因都很复杂。美国每年大约有5000万例误诊。为什么会有这么高的误诊率？大家去医院看过病就知道，你去三甲医院挂了专家门诊号，专家每天至少要看几十个病人，从看病历到跟你说话不会超过10分钟。所以在此情况下，碰上复杂的疾病，医生对你的其他病史又不熟悉，只能做出大致的判断，因此也就容易出错。

我们投资了一家叫"世界上最有经验的医生"的公司，它就把历史上所有病人的病历都学习一遍，对患者的病情了如指掌，相当于一个医生已经看了几百万个病人，患者再去看病时，只要把数据告诉它，它就基本上能判断病情。

2019年8月，这家公司的这台机器参加了美国医生的资格考试，考了85分，比平均分75分还高出10分。再有经验的医生终其一生，最多能看几千个病人，但AI可以看几百万个病人。它会从大量的数据里抓取相关性并不断积累。

我们投资的另一家公司聚焦的是新药发现。美国的制药产业大约有一万亿美元的规模，一半是小分子化合药，另一半是抗体药或大分子化合药。我们是做小分子化合药的公司。平均一款新药的研发成本是30亿美元也就是200亿人民币。那么药厂为了收回成本，一开始药就卖得非常贵。

开发新药大约要花10年的时间，其中，找小分子就要花2~3年的时间。寻找新药的过程是这样的：假如我是医药化学家，你告诉我这个蛋白质的结构什么样，我就会去尝试哪些分子可以卡进去，再到库中去一个个试验，有点像爱迪生发明电灯泡，他试了几百种材料，最后才发现钨丝，新药发现也是反复尝试的过程。

十几年前，我们从100万种化合物中试验新药，一天试几百个，一两年总能试出来。但到 2020 年，我们的化合物已经快速增长到了 1000 亿个，换言之，哪怕一天试 1000 个化合物，我们得试 1 亿天，所以人工不可能完成这样的任务。

当下唯一的办法是让机器学习，让机器把历史上所有成功的药物都学一遍。这就像一个成功匹配了几百对婚姻的媒婆，非常有经验，给她一个姑娘，她能迅速根据姑娘的长相、年龄、家庭背景、职业、兴趣、爱好各方面找到一个比较合适的小伙子。同理，你给个目标蛋白质，AI 就能快速找到化合物分子与它配对。

机器把过去人类迄今为止所有成功的药物都学了一遍，所以它找新药的时间就会非常短，它可以把两年的时间缩短到两个星期。像礼来、诺华、辉瑞这样的世界大公司用传统的方式研究药物也只能研究不到 100 个靶点，而我们现在研究 1000 个靶点，一个靶点就是一个蛋白质，同时可以研究 1000 种药物。中国的科学家在疫情暴发初期就向全世界公布了新冠肺炎的基因组织，有了这个基因序列后，我们就可以找到蛋白质的结构并开发疫苗和药品。

现在疫苗的开发主要有几种不同的思路：

（1）传统的灭活疫苗或减活疫苗；

（2）DNA[①]、RNA[②] 疫苗；

（3）用一种病毒把疫苗的 RNA 带到人体内，从而产生抗体。

除了诊断和制药，还有检测和成像。检测很重要的一点就是成像，看肺的 CT 片子是此次疫情判断的一个重要依据。在 X 光、CT 和核磁共振之后的 30 年，基本上没有出现任何新的医疗成像仪器，但最近几年发现了新的磁粒子成像。磁粒子成像能完成所有传统成像方法做不了的事。它可以在细胞水平上成像，细胞有了任何变化都可以在图像中看到，这对细胞、炎症、靶向药等研究方面作用明显。我们可以观察到癌症细胞的变化，这对我们研究免疫系统非常重要。

---

① Deoxyribonucleic Acid：脱氧核糖核酸，是分子结构复杂的有机化合物。

② Ribonucleic Acid：核糖核酸。

人工智能领域没有赢者通吃

AI 如同互联网一般，它也蕴藏着很大的创新机会，它与互联网之间最大的区别就是：互联网的生意是 To C[①]；而人工智能的生意是 To B[②]。互联网公司如抖音在短短两三年之内就能从 0 做到几十亿用户，发展非常快，因为它的网络效应如阿里巴巴，店越多顾客越多，顾客越多店越多，形成螺旋向上的循环。

但 To B 的生意没有网络效应。客户是企业、政府，它可能受到人际关系亲疏等因素的影响，很多生意需要自己一步步去开拓。二者的区别也造成了过去几年在 AI 领域的投资泡沫。

很多投资人的思维还局限在互联网时代，依然认为赢者通吃，认为头部公司价值很大，第一名比第二名值钱 10 倍。但事实并非如此。在人工智能领域，没有赢者通吃的概念。只有真正理解了 AI 的本质，才能理解它的场景应用，进而了解它能解决什么问题，最终理解这家公司的价值。

总体而言，在 AI 时代从事投资，你必须了解 AI 技术本身，如果不懂技术，你一定会踩到陷阱里。

【提问环节】

Q：美国是新技术的高地，医疗资源也极为发达，在全球卫生安全肺炎指数中位列应对流行病准备最充分的国家之首，为什么反而成为新冠肺炎确诊病例数最高的国家？

王维嘉：不仅美国，整个欧美发达国家的应对都非常糟糕。造成疫情失控的主要原因并非技术，首先是因为美国不重视，其次是它们防控疫情

---

① 即 To Consumer，即企业创业是直接面向终端客户，直接为消费者提供产品或服务。

② 即 To Business，即企业创业是面向企业，为企业提供服务。

的思路不对。欧美政府的顾问团队要负一定责任。英国首先提出群体免疫，现在来看，这是完全错误的。当然，美国检测手段的准备工作也做得不好，先是放弃德国最初的检测方法想要自行开发，结果开发的检测方法根本无法使用，整整耽误了一个月的时间。

Q：在应对疫情时，美国各州有一定的自主权，您认为哪些州的经验值得研究？

王维嘉：较早采取居家隔离政策的是俄亥俄州和加州，它们的州长也挨骂最多。开饭馆的商人会反对居家隔离，认为这影响了他们的商业经营。但这些曾经挨骂的州长现在获得的点赞率最高。因为他们的远见避免了很多无辜人民的死亡。

虽然各州使用的方法不一样，但整体而言，美国各州都对检测、追踪、隔离做得不够。加州政府募集了一个2万人的追踪团队，专门打电话追踪疫情的密切接触者，相对来说算是做得比较好的州之一，现在全美国逐渐在学习加州的防控疫情经验。

Q：在防控疫情工作中，疫情监测侵犯了个人隐私。危机时刻，个人权利否要让位于公共利益，非常时期采用非常方法，可以成为惯例吗？

王维嘉：追踪这件事如果用心去做，可以不侵犯隐私。政府和个人在筛选、通报疫情感染的相关信息时，可以将人名、性别等关键信息隐去，确保知道可能接触到了哪些确诊人群的关键信息就好，至于确诊者的身份、地位等详细信息则不需要全盘告知。

在特殊情况下，为了大家的安全，有时也不得不牺牲一部分个人利益，这是可以理解的。但即便因为现实原因需要掌握更多涉及隐私的个人信息，也要明确此类情况只是临时应对的紧急措施，不能成为惯例。当疫情过去了，要归还个人的隐私空间，因为隐私属于我们的个人权利。

冲破传统教育的樊篱

文 汤 敏　国务院参事
　　　　　友成企业家扶贫基金会副理事长

新冠肺炎的肆虐给中国经济和社会带来了很大的影响。但辩证法认为，在一定情况下，坏事也可能变成好事。

疫情暴发后，网上有人提出中国可能会发生的十大变化中第四个变化就是线上教育将会加速替代传统教育。这不仅发生在疫情期间，疫情过后也会如此。

疫情期间全国约有 2.7 亿的学生在家里学习，即"停课不停学"。大年初二，当时作为国务院参事的我写了一个报告提出，疫情期间应该采取远程教育的方式，让学校晚一点开学，给社会腾出一些空间。因为学校一旦开学，不但涉及交通问题，学生聚集在教室里，一旦发生疫情后果不堪设想。

这次"停课不停学"是人类历史上、教育史上第一次 2.7 亿人通过互联网在家学习。互联网教育以前也做过，但没有像疫情期间这样，全程在家学习并且有父母陪同，所以这是人类历史上的第一次。

互联网学习与传统教学不同的是，在传统课堂上，学生没有办法选择老师，但是在互联网课堂上，学生就可能有所选择，学生可以听到全市，甚至全省、全国最好的课程。这就能解决教育不公平的最核心内容：薄弱学校缺乏优质课程，学生得不到好的教育问题。

所以，如果能做好"停课不停学"，那么它给我们的启示是：未来的教育是否也可以采取类似的办法。

据说，在苹果公司的乔布斯临终前，比尔·盖茨到他的床头看望他，乔布斯就谈道，"既然我们有互联网、手机、平板电脑，为什么全世界还要有好几百万老师去教微积分呢？同样都是微积分的课程，为什么我们不能集中全世界最好的教微积分的老师来提供课呢？这样能够让学生更好地学习知识"。

那么，更重要的问题是：我们为什么要改造已经持续了几千年的传统课堂教学模式，而选择在互联网上学习呢？因为我们正处于一个新的工业革命、技术革命的前期。

近几年，我们都强烈地感觉到互联网正在颠覆着各行各业。牛津大学教授卡尔·贝内迪克特·弗雷和米迦勒·A.奥斯本就预计，未来中国77%的工作会被机器人、人工智能所代替。也就是说，等我们的孩子步入社会的时候，可能他们现在所学到的知识都没用了。这种替代不仅是机器人替代传统工厂中流水线上的工人，包括现在我们认为是白领的群体，如会计师、审计师、律师、记者等都有可能被替代。现在今日头条上的很多新闻都是人工智能机器人写出来的，它比记者写稿速度更快、更准。在律师行业，如果你要打官司，人工智能机器人可以在几分钟内把过去类似的案例是如何处理的以及相关的法律条文捋得清清楚楚，比人快多了、准确多了。这些会对未来的就业产生极大的影响。相对来说，教育界变化得比较慢，需要探索一些新的模式。

美国教育家约翰·杜威（John Dewey，1859—1952）曾说："如果我们按照昨天的方式教今天的学生，就等于掠夺了他们的明天。"现在确实如此，从总体上来看，我们现在的教育教的仍然是昨天的内容。现在中小学学习的内容，可能是上百年前的东西，大学学习的内容可能也是几十年以前的东西。工业正发生一日千里的变化，如果我们还局限于这些内容的学习，很可能学成进入社会就会失业。

有人做了一个预测，未来的就业市场变化会非常快。过去一个人学了一门技术、得到一个学位，就可以支撑他一辈子。现在已经做不到了，一个人一辈子可能要换八次工作，而且不是从一个岗位到另一个岗位，而是得跨行，这种大幅度的变化需要八次，这就要求我们学习的内容、学习的方式发生根本性变化。

马云说："如果我们继续用以前的教学方法去教我们的孩子进行记、背、算这些东西。不让孩子们去体验，不让他们去尝试琴、棋、书、画。我可以保证，30 年后孩子们都找不到工作。"当然，马云不是神，他也不可能预测得那么准，但是他提出的这个问题，确实非常值得我们关注。因为我们现在的教学方法、教学内容确实比较陈旧，这时，我们就要改造教育，加快教育进步的步伐。

对于学生来说，未来需要具备不同的能力。学生需要运用科技的力量，具备跨学科快速学习的能力。也就是说，不仅要能快速学习不同的知识；还要有强大的协作能力、解决复杂问题的能力和自信，这些都是传统教育模式很难提供的。

对此，我们自己也做了很多探索。六年前，我们开始跟北京的人大附中一起做了一个实验，即双师教学。

通过互联网，我们可以实现双师教学，即除了把控现实课堂的老师以外，同时还有一个人大附中的老师在远程授课。我们已经连续做了三年，在全国 20 个省的 200 个学校进行实验，一开始学生们有点不适应，但是很快他们就跟上了人大附中的节奏。三年以后，这些学生的成绩提升了很多，而且他们整个的学习模式、学习自信心和学习积极性都发生了很大的变化。

双师教学这个项目我们是从 2013 年开始做的，在全国范围内已经连续做了三年，现在这个项目在很多地方都得到了推广。好的老师永远是少数，我们通过互联网能更广泛地推广这些好的教师、优质的教育，"停课不停学"实际上也可以采用这种方式。

为了提高农村学校的教学质量，后来我们又组织了"青椒计划"，也就是乡村青年教师的公益培训计划。我们联合了北京师范大学、上海的沪江网等几十家公益机构和企业一起合作。在 2017—2020 年，我们在全国培训了 6 万多名乡村教师，并给他们提供了各种各样的优质教育资源。

我想给大家讲一个故事。贵州省息烽县石峒镇木杉杉小学的徐萍老师曾给我写过一封信，她就是 2019 年接受"青椒计划"培训的一名乡村教师。她们那个学校本来有 200 多名学生，后来因为很多家长出去打工把孩子也带了出去；或者家里稍微有点钱的在县里买了房子或者是租了房，也把孩子送到县里的学校去上学了，所以现在这个学校只剩 90 多名学生。而且，这些学生家庭都非常贫困，没办法出去上学。

像这样的村小教学点在全国还有多少呢？现在还有大概 10 万个，这就是中国教育的最底层。学生走了，好的老师也走了，怎么办呢？徐萍老师来参加培训以后，我们通过互联网把各种各样的优质教育资源送到了她的课堂，不但有主科，而且还包括音乐、美术等，都是非常好的课程，她们学校发生了巨大的变化，现在贵阳有一百多个学校跟着她在学习。

2020 年春节以后，她又做了一个新实验。让三年级一个班的十几个同学在清华大学的"爱学堂"这个网站上网课。"爱学堂"采取了一个创新的教学方式。把从小学一年级到初中三年级所有的课程，如语文、数学、英语等全部做成卡通式的微课，每节课 10 分钟左右，这些课程都是由北京最好的老师设计的，非常有趣。结果，她们这个班的学生，在春节后一个月不到的时间里，把三年级下学期所有的课全部学完了，甚至现在已经把四年级上半学期一半的课也学完了，孩子们学得非常高兴，像看卡通片一样学习和做作业。这是中国贫困地区的村小教学点。如果这样的学校跟互联网结合后都可以学得这么好，那么城市里有计算机、平板电脑、手机的孩子，如果也能跟互联网更深度地结合，就能够学得更好。

"停课不停学"活动开展后，各种各样新的教育资源都可以在互联网上免费获得，拥有了非常好的资源后，就可以尝试用全新的模式来教学。

我们经常说，危机就是转机。虽然疫情让我们处于危机之中，但是如果我们能够通过疫情学到新的方式，体验到新的学习、工作模式，就有可能开拓出来一个大转机、大机会。几个月疫情的肆虐，让国家和老百姓都付出了一定的代价。但是通过几个月在互联网上的工作与生活，全民对新的技术及新的生产、生活模式有了新体验，有了新反思，未来我们的教育、生产、商业都会更互联网化、科技化，或许我们国家在5G、互联网、人工智能方面还能往前迈出更大的一步。

从教育的角度看，"停课不停学"是一种非常新的学习方式，如果没做好，好事可能也会变成坏事。现在网上都在说，家长和学生全"疯"了，因为他们觉得在网上学习非常困难，学生一上网就想打游戏等。我认为，第一，我们应该以更开放的态度来对待这次实验。"停课不停学"毕竟才实行了几个星期，家长和孩子们都需要有一个适应的过程；学校老师也从来没有这样教过学生，他们也需要有一个适应过程，经过一段时间摸索后，一切就会慢慢走上正轨。我们要给老师、家长、学校一个犯错的机会，也给孩子们一个犯错的机会，让他们慢慢学习。

而且根据我们过去几年的经验，互联网教育一定要创造条件鼓励孩子与老师沟通，特别是与同学沟通，孩子们若能互相学习，就能学得非常好。我们要相信孩子，慢慢培养他们的自主管理能力，让他形成自我约束力。家长不可能管孩子一辈子，我们要慢慢地放松、放开，让他们自己学习，让他们有一个适应的过程。

还有一些细节性的问题，比如全世界有很多研究机构发现，人在电脑前学习和在课堂上学习有很多不同：学生在课堂上可以坐45分钟，即使在这个过程中学生也经常开小差，但有老师盯着，他不能动；在台式电脑、平板电脑、手机前，人们注意力的集中时间一般不超过15分钟。所以现在很多好的课程都是做成七八分钟、十分钟的时长，一课内容被分成好几次讲授，中间稍微休息一下，然后再继续上课，这样能够让学习效果更好。

孩子在家里上课的时候，第一，不要让他一直盯着电脑，适当时间让眼睛休息一下，换一下状态，这样他的学习效果反而更高；第二，让孩子们有不同的选择，当然现在学校老师推荐了一些课程，但家长还是要有不同的选择，网上有好的课程，也有很差的课程，我们要去挑那些好的东西让孩子们学习；第三，我们不止让孩子在网上学习数学、语文等需要参加高考的内容，音、体、美这些内容，也要让孩子学习一下，没准反而培养了孩子未来所需要的其他重要能力。

总结一下：新的技术革命正向我们呼啸而来，5G、人工智能等新的技术每天都在改变我们的生活、生产方式甚至是整个社会。这场革命跟我们过去几十年所经历的完全不一样，现在正处于一个加速的过程。过去的几十年都在变化，我们知道这个变化速度非常快，5G来了，可能这个变化速度会更快。而在所有的变化里，最重要的还是教育的变化。如果教育能率先适应这些新的变化，我们的孩子未来就能够在全中国、全世界的竞争中立于不败之地；但是如果教育没做好，还是采用应试教育死记硬背的这种模式，未来孩子步入社会后会举步维艰。而这次"停课不停学"给了家长、孩子一个很好的体验，也给了比较熟悉传统教育模式的学校和老师们一个很好的体验，让他们试一试用新的方式来学习、教书。现在我们提倡终身学习，谁也回避不了用新的工具、新的方式，来学习新的内容。

【提问环节】

Q：学生和老师的互动如何解决？

汤敏：我们有不同的方式，这要看我们的互联网条件。如在城市里，互联网条件相对更好，大家可以在手机、电脑上，通过互联网，甚至在微信上进行学生与老师之间的互动，这种互动非常重要。老师不应花太多的时间在远程直播上，而应该从互动中发现问题、解决问题，特别是给予那些通过互联网学习有困难的学生以帮助。但是农村的有些学校互联网不是那么发达，有些还是通过电视在看课程，这样互动就会差一些。教育部也规定，网上教学不要像在学校一样一天上8小时的课，时间要缩短一些，剩下的时间可以进行一些互动。作为家长，还要鼓励学生与老师之间进行积极互动。

Q：互联网教育怎么下沉到乡村？

汤敏：互联网教育已经下沉到乡村了。现在农村的学校绝大部分都通了互联网，绝大部分学生的村中、家中都通了互联网。现在几乎所有的学生都在互联网上学习，即使不在互联网上，他们也会通过电视学习。乡村由于各种条件的限制，可能互动性会差一些，但在短期内也没什么好办法。我一直认为这次"停课不停学"对乡村的孩子、乡村的学校影响更大。因为乡村学校面临的最大问题就是教育资源不平等，老师的教学水平更差一些、教学内容与方法更陈旧一些。但是通过互联网，现在乡村学校跟城市学校在同一个平台上，乡村学校反而变化更大，主要看乡村学校能不能抓住这个机会了。

Q：我担心的是孩子在家学习效率很低，这个问题如何解决？

汤敏：第一，孩子在家学习的效率是不是很低，关于这个问题，我不知道你是如何定义的。当然也要看你的孩子多大了，如果已经是初中生，他的效率不见得像你想的那么低；如果是特别小的孩子，效率低一点也没办法。

第二，要看看如何启发他。如果您说的效率低是指他做作业、听课的效率低，那也不见得就是互联网学习导致的效率低，孩子原来在学校里上课坐 8 小时，效率就很高吗？也不一定。

未来，孩子们可能都要在互联网上学习，可能只是现在效率低，但是要慢慢适应。另外，家长应该多多思考一下怎样来提高他们的效率，家长之间也可以互相交流一下。

第三，他可能用一些时间在玩游戏，这应该也算在效率中。

Q：孩子在课堂上的小毛病，家长管不了怎么办？

汤敏：这个就更复杂了，如果过去没管好，在"停课不停学"期间就能解决吗？其实也解决不了，因为这是长期的问题。孩子有点调皮，也不见得是不好的状况。我曾经当过老师，后来我发觉，那些调皮的孩子长大以后反而比较有出息，当然太循规蹈矩的学生们的生活、工作也很好，但真正成为企业家、成为有创新能力的人，真正能够发展得很好的人，反而是那些在小学、中学阶段比较淘气的孩子。所以，我觉得家长们不要管那么多，也不要那么着急，孩子们有他们的天性，应试教育、传统课堂上的纪律等并不利于孩子们创新能力的培养，我们要分两面来看。

Q：未来教育的趋势会怎样呢？

汤敏： 未来的教育现在也不能说得很清楚，这与未来的工业、未来的社会怎么变有关。但是有几点是很清楚的：第一，未来教育肯定是以创新为主，特别是孩子们要有创新精神，因为未来的社会是变化非常快的社会，变化靠的就是创新，有创新能力的孩子一定发展得

比较好；第二，未来的教育一定是跨界融合。2019 年下半年我在中东的卡特尔等地发现，他们现在已经开始实验小学不分科，完全采用案例式教学，也就是交给学生一个任务，让他们进行讨论，完成任务的过程中需要用到什么知识，老师再来教、学生再来学，这就有可能是未来的教育模式之一。

Q：家长基本管不了孩子的学习，太依靠老师了？

汤敏： 确实是这样，特别是孩子大了以后，他们学的知识，家长可能想辅导也辅导不了，只能在生活上给他们提供更好的条件，而学习内容是老师能够给的一些帮助。但是有了互联网以后，老师可能是孩子的班主任，可能是孩子的任课老师，也有可能是全国最好的、别的地方的任课老师，他们也可以帮助孩子，孩子们应该抓住这些机会，让自己得到更多的帮助。

Q：教学内容陈旧如何改进？

汤敏： 这是全国性的问题，因为国家教材是统一的，当然，国家也正在不断改进。比如 2019 年国家对语文课文进行了改进，其他的课也都在改进过程中。另外，教学改革确实也是牵一发而动全身，有些国家也在做一些实验，但是都还没敢大规模推广，因为推广以后，像我刚才所说的把学科全部打散，完全案例式的教学，给学生一个任务，让他们自己讨论、

学习、找知识，这种方式到底是好还是坏，谁也不知道，现在只是在实验过程中。从改革的角度来说，还是需要慎重一些，但是"改"的这个趋势肯定是在那儿的。

Q：我们如何帮助学校管理层完善上网教学的方案？

汤敏：现在教育部门、教育行政部门都在做这方面的工作，我们作为公益机构正在帮助农村学校进行这方面的工作，我们集中了差不多上万名农村学校的老师并加强对他们的培训。怎么把"停课不停学"搞好？现在教育部门也在做，大家都在努力。确实是因为时间太短，一下子准备不过来，还得慢慢推动。

Q：抗疫期间，我孩子的课程只是老师自己备课，然后在微信群里讲课，没有很好的标准、规范的网课，这个怎么来解决？

汤敏：我们一直在跟教育部门说，不要都去上直播课，也就是说，如果我们的"停课不停学"只是课堂搬家，把原来在课堂上讲的内容现在放到网上来讲，就浪费了这次机会。既然可以在网上讲课，为什么一定还是原来的老师讲，为什么不能找到更好的老师来讲课？当然也有可能原来的老师课讲得非常好，那也无妨。但是很多时候，给孩子讲课的不一定是全国、全市最好的老师。那我们能不能让这些最优秀的老师来讲课？如上海是把全市最好的老师找出来讲课。剩下的老师干什么呢？他们可以对学生进行辅导，更多的是对学生进行因材施教，针对不同的学生采用不同的教学方式，这些应该是互联网教育与传统教育的区别所在。如果可以在孩子上网课的同时，帮他再找一些别的课，比如卡通式的课程，孩子肯定特别喜欢。如果这样互相补充，孩子很可能会学得更好，所以要利用这些机会。

课程视频要控制时间，10分钟左右是最好的，时间太长，孩子根本无法集中注意力。因为孩子年纪比较小，成天盯着屏幕，对眼睛非常不好。互联网上课就有这个好处，可以先暂停一下，等一会儿回来再看，因为这些都是录像，可以循环看。目前，国际上的视频标准就是15分钟以下。不仅是孩子，所有的网课都是在15分钟以下，比如TED演讲，全部都控制在15分钟以下。

Q：俞敏洪做了"情系远山"，和乡村教师计划对比，你的评价如何？

汤敏：我觉得这是在拿苹果和柑橘做比较，因为这两个是不同的东西，而且各有所长。我们也一直在和俞敏洪他们的"情系远山"基金会合作。我们的很多教学内容都是由他们来提供，他们确实有很多非常好的、比较全面的优质内容。马云的"乡村教师计划"，更多的是从乡村挑选出优秀老师，然后给予他们奖励和机会，近年来他们也有很多新的项目。这两种模式各有千秋，结合起来会更好。俞敏洪他们的"情系远山"有新东方、好未来等几十家互联网教育公司提供各种各样的教学资源。比如我们跟"情系远山"合作，由他们找来全国最好的给高中生补习的老师，免费给与我们合作的农村学校，在晚自习时一个星期上一两次课、两三次课。一个学期下来，学生们的成绩提升非常大。我觉得这两个计划对农村学校来说，都非常重要，都可以继续推动下去。

Q：艺考生的高考如何准备？

汤敏：对于艺考生，要看看具体是哪方面的艺考。如果是跳舞，他在家里不管有没有条件，可能都得练；如果是声乐，网上有很多教学课程。我记得一年多前，戴玉强老师就在网上教男高音，他甚至可以一对一、一对多来讲课，所以网上也是可以学习的。

关于艺考生方面的问题，我不太专业，所以这个问题我可能讲不大清楚，但是我觉得道理是一样的，有些可能在网上学不了，但是大部分还是可以在网上学的。比如小提琴、钢琴，最近郎朗在网上专门开了个钢琴课教钢琴，所以我觉得艺考生也可以在网上进行学习。

Q：直播教学的痛点是什么？如何和录播名师的视频有机结合？

汤敏：这个就得看是谁在直播，如果教师本身就是非常好的实验学校、重点中学的老师，他对学生非常了解，直播是非常好的。如果只是一般的学校甚至薄弱学校的老师，可以找到其他更好的资源，让孩子得到更好的教学体验，我觉得这种情况就不需要直播。当然，有些情况下也需要直播，比如老师给学生辅导、讲评作业，这些是可以直播的。至于讲课本身，除非是很好的学校老师，建议还是像教育部所推荐的那样，找一些更好的资源、更好的老师来录播。

名师是什么？我们的体会是，名师是能把复杂的东西讲得很简单，水平较差的老师把本来简单的问题弄复杂了，孩子们听得越来越糊涂。名师不一定讲得非常难，名师一般会把知识讲得很简单、很清晰。大家都知道，一个好老师会使孩子终身受益，既然在互联网上能够找到很多这样的好老师，为什么不去找呢？

Q：各个地方的教育水平不一样，学生水平不一样，考试难度也不一样，在线教育能保证因材施教吗？这种"一刀切"式的培养有没有问题？

汤敏：是的，各地的教育水平不一样，学生水平不一样，考试难度也不一样，不应该一刀切。但是网上教育也不一定是一刀切。大家想想，全中国难道只有一个优秀老师能讲课？一个一元一次方程，全中国可以有 10 个老师、20 个老师来讲，不同水平的学生可以找不同的老师。学得好的学生可以去听讲得比较快、比较深的课程，差一点的学生可以去找一些讲得比较慢、比较细的老师。网上可以有几十种选择。在全国、全省、全市范围内可以有多个水平层次的课，所以在线教育不是一刀切的教学。恰恰现在的学校才是一刀切，学校给一个班的学生统一配一个老师，这就是一刀切。而在网上，你可以为你的孩子挑选老师。网上教学就一定是一刀切，不能因材施教——我觉得这是一种误会说，恰恰相反，只有网上教育才能做到因材施教。

我们经常跟教育部门的同志辩论这个问题，很多人总拿教育要因材施教、不能互联网化说事儿。但是现在的学校就能做到因材施教吗？一个班上五十几个学生，老师讲课的时候只能根据中等程度的学生讲，他不能按着差生的水平讲课，也不能依着最好的学生水平讲课。传统课堂反而不能因材施教，除非你是私塾。即使是私塾，学生一多也不行。但在互联网上就有可能因材施教。孩子在网上学习时，听一遍听不懂可以听两遍、三遍。接受能力好的学生可以学快点，反之可以学慢点，真正地做到个性化地学习。老师不用花太多时间去备课、讲课，反而可以花更多时间来对学生进行个别辅导。

　　Q：教育信息化对学校一把手的信息化业务能力要求很高，从国家层面来看，如何更好地促进校长的认知能力？

　　汤敏：教育信息化对校长的要求很高，其实，不只是对一把手，对所有人的要求都很高。但是反过来，对所有人的要求都不高，为什么呢？因为传统教育对学校一把手的要求非常高，他得把学校管好、把老师保护好、把学生组织好，要给老师很好的激励机制等。现在通过互联网，学生可以找到别的资源，不管一把手做得好不好，学生照样可以跟着别的学校的一把手学、别的老师来学，选择性更大，所以教育信息化对学校一把手的要求是不是更高，要看我们怎么看，特别是对于家长来说。好在"停课不停学"这只是一段时间，效果差一点问题不大。现在最重要也是我最担心的，就是咱们付出了这么大代价来做改变，等到恢复课堂上课以后，一切又回到老样子，家长、孩子、老师、学校都回到老样子，那我们就白白浪费了这段时间，白白付出了这么大的代价。但是如果通过这段时间的实践，我们得到了启发，学会了寻找更好的资源来给孩子学习、给班级学习，反而能够给我们最大的动力。

　　刚才有人问未来的学校会怎么样，我觉得未来学校很可能是这样的。凡是重复讲的内容，如一元一次方程，我们可以找到全国最好的老师来讲，可能有十几、几十个老师来讲，其中有特别快的、中慢的、慢的——各种各样的教学模式。老师可以挑一个跟自己学生适合的课程，甚至每个学生都可以自己来选择。这样，现在的老师就不用重复讲课了，可以转去做辅导。不仅是课堂教学，未来凡是重复的东西都交给计算机、录像、人工智能去做，人只做那些不一样的东西、机器做不了的东西。老师给学生进行个别辅导时发现学生的特点，然后针对性地给予帮助；发现学生有哪些不懂的地方，老师也可以提供帮助。这是线上教育、互联网教育最大的好处，让每个学生都能得到最好的、最适合的教学资源，老师更多的时间花在个别辅导上，这才是真正的因材施教。

　　Q：在线教育固然好，对学生在线学习状态的管理应该如何操作？

　　汤敏：学校能否管好纪律，实际上家长也不一定知道。如果在家里，两个大人都管不好一两个孩子的纪律，那么孩子在学校的纪律也不一定特别好。另外，什么叫纪律？是不是一定要让孩子坐在那儿一个小时一动不动才是守纪律？学校的纪律跟家里的纪律可能不一样。反而在家里，孩子可以更灵活地学习。

抖音上曾有一个视频在日本风传。一个孩子非常聪明，他把自己端端正正坐在家中的桌前学习录了一个视频，然后把这个录像对着镜头在那儿放。老师从摄像头里看，以为这个学生在非常认真地学习，其实孩子一个人在旁边吃东西、玩。日本人觉得在网上原来还可以这样学习，很兴奋，其实，孩子们玩点小心眼儿，有创意不见得是一件坏事。他以后步入社会，可能会创造出很多、很好的东西来。未来的社会变化非常大，我们要培养孩子们的创新能力，而能够在互联网上寻找到最好资源的能力，也是非常重要的。这也是这次"停课不停学"给家长们、孩子们、老师们开辟的一个大窗口。

希望我们都能够通过这次的"停课不停学"和惨痛的抗击疫情经历学到新的东西，改变我们的生活，改变我们的学习，改变我们的思维模式，这样这次疫情的坏事很可能变成一件大好事。希望大家与我们一起努力。

大数据和 AI 时代的新机遇

文 陶　闯　维智科技 WAYZ 创始人兼 CEO、知卓资本董事长

PPTV 创始合伙人

未来可能会出现人机混血人

未来的科技到底怎么发展，这是大家都很关注的问题。

1995 年，第一台 PC（Personal Computer，个人计算机）诞生，操作系统随之产生。目前，PC 加上操作系统，已经打下了整个市场基本 10 亿的用户数。

巧合的是，12 年之后，也就是 2007 年，全球市值最大的科技公司——微软诞生了。

2005 年发生了什么事呢？第一部手机诞生。当时大家认为这就是一个移动终端，实际上不然，它的核心是整个云系统，也就是"通信 + 云"的体系。目前，手机终端已经家喻户晓，全球的手机用户数约为 52 亿人。

更巧合的是，在 2017 年，全球另外一家市值最大的科技公司诞生了，也就是我们都知道的苹果公司，这又是一个 12 年。

如果历史发展如此相近的话，2015 年诞生的是什么？是 AI、人工智能。而人工智能嫁接的是新一代的物联网设备，叫智能物联网设备。

从历史来看，再过 12 年，也就是 2027 年，人类历史上或许会诞生另外一家市值庞大的公司，而这家公司的终端数量不再是两位数的级别，而

是三位数，比如一百亿的级别。

但是目前，很多物联网设备可能还没有达到智能化的程度，所以我们现在谈到的都是"物联网 + 智能化"，也就是，AIoT（The Artificial Intelligence of Things，人工智能互联网）。

现在行业中也有很多公司在讲 AIoT。也许是因为目前国内很多公司都有终端或移动终端，但是能否有一个智能的物联网端，实际上非常不容易，我们对此拭目以待。

如果新的智能物联网诞生，未来的社交可能会不一样，未来的机器人也不再是我们现在认为的这样只是进行简单的计算，它会跟人一样，并且具有协同能力。

两年前在 Facebook 的实验室里，大家已经发现机器人在协同的过程中会产生一种属于他们自己的语言，就像人类一样。那未来的机器人是不是也会这样呢？目前还没有答案，但是如果回头看人类历史的发展，机器人这种新的物种很有可能也会产生一种新的语言。

所以，我们预测未来在地球上可能有三种人：自然人、机器人和人机混血人（hybrid human-robot）。大家都觉得特斯拉的创始人埃隆·马斯克是钢铁侠，因为他投资的公司做了一张生物型芯片，这个芯片可以植入人脑。实际上，我们都知道人类在计算能力、记忆能力、逻辑能力等方面都比不上机器人，如果人类跟机器人 PK（对决），我们就可以把这种芯片植入人脑，让人类具有超凡的智力和记忆力，足够跟机器人 PK。

未来，科技公司的市值可能和AI流量成正比

大家都在说互联网进入了下半场，但是这次互联网在整个信息界和科技界风波中的表现很有意思。

截至 2020 年 3 月，全球市值最大的 10 家公司里有 7 家公司是互联网公司。软银将互联网流量和互联网公司的市值做了一个比较，发现曲线近似成正比，也就是说，互联网公司的市值是由互联网的流量驱动的。这也是为什么以前大家评价互联网公司的时候，都是问日活用户的数量以及

流量；也是为什么很多互联网公司烧那么多钱，仅仅是为了拿到一些用户流量。

互联网进入下半场以后，下一步该怎么办？未来科技到底会如何发展？软银又得到了另外一个结果。

实际上互联网的流量已经增缓，互联网的渗透率已经达到了一定程度，每个中国人基本都有手机，甚至是两台手机，而互联网流量已经趋缓，大数据的流量开始呈一种指数级的爆发。但是大数据本身并没有价值，因为数据太多、太复杂。这里有一个核心概念，叫作 AI 流量。我一直非常提倡 AI 流量，很多人可能只知道大数据公司的数据很多，实际上这些数据都是一堆垃圾，怎么样才能让它成为我们认为的有价值的东西，这就是 AI 流量，AI 流量的核心就是把大数据变成小数据。

我们曾经做过一个行业预测，发现 AI 流量从 2018 年开始爆发式增长，因为 2015 年 AI 出现后，人工智能技术开始红火、成熟，所以我们预测未来科技公司的市值可能跟 AI 流量成正比。

什么是 AI？大家觉得就是智能，实际上智能这个概念太宽泛了，简单来说就是预测能力，就是它能够预测未来发生的一种现象。

我们把 AI 流量分成四个过程，从大数据到小数据到场景，场景中必须有一种应用化，同时经过验证和反馈，再到大数据，最后回到小数据——就是这么一个完整的循环过程，这才是真正的 AI 流量。

所以 AI 公司并不简单，它不是一个大数据公司，但它又必须具有基本的大数据能力，它要打通从大数据到小数据到场景再到验证的整个闭环，这是真正的 AI 能力。

线下时空网络数字化是互联网的巨大机会

我认为互联网已经进入了下半场，互联网的机会和创业的机会也不多了。但是我们有一个巨大的机会，那就是我们真正生活的日常世界，即线下的现实世界远远没有被数字化。

如何把线下时空网络数字化？能不能把线下的流量真正感知和认知出

来？这可能就是维智科技想做的一件事。

互联网已经让我们的生活变得非常方便，但是线下有很多地方需要改善，除了外卖、物流，还有很多不尽如人意的地方。疫情发生后，餐饮行业受到了重大的影响，而这些餐饮行业都是线下实体店，他们如何借力科技渡过自然灾害呢？所以我做的事情就是如何通过线下的智能化来解决问题。

要把线下世界数字化，实际上最简单的就是物联网。

现在数字化线下世界已经有了方法，就是通过各种物联网设备，包括摄像头、传感器、电视、sperker、手机等——一切都在物联网的数字化过程中。所以物联网终端就是线下世界的感知器，维智在做的就是基于线下物联网终端的位置和动态行为，感知线下的行为和世界。所以我们建立了 Location of Things，即 LOT，而不是 Internet of Things。也就是说，所有的"物"都是可以用一个时空的点来定位，因为到了线下，一切都是一个位置，离不开三维世界。我们可以看到线下每一个人、车和物的点位和动态行为——这就是线下的定位感知网络，也是维智最核心的一个专利技术：维智 LOT。

目前，我们连接的设备已经超过 14 亿台，包括手机、车机——大家都称之为车联网设备。中国现存的车机大概有 3 亿多台，未来，这些车机都会联网，而每一台车机就是你的传感器、服务器，甚至是你的计算机。

我们正在建设一套基于物联网的感知网络体系。当有了这个感知网络以后，就可以每天感知超亿级、万亿级的数据量是如何进行技术处理的。

实际上，我们这个世界的商业、社会、零售都是围绕用户的线下行为、用户地理时空中的点来进行处理。

所以，维智在异构云的基础上建立了一个超万亿级的线下流量的实时大数据系统，只有庞大的云服务器才能处理这种万亿级别的动态数据流系统。

大数据虽然看起来会让人非常震惊，但是如何从大数据里挖掘出真正的人、车、物的关系是最难的一件事。我们非常感谢人工智能技术，因为人工智能技术出现以后，我们可以利用知识图谱和神经元网络对大量的线下流量进行分析，把这种分析做成一个逻辑，即认知智能。

我们把上海月星环球广场周边历史累积的人流做成知识图谱，发现了一个很有意思的现象——我们以前做智慧零售、做商业时可能不能理解的东西，那就是很多从地铁站出来的人可能会直接去某一个餐厅或者某一个广场，之后他们可能大多又会去某一个场所，也就是说，我们把线下门店之间的关系做了一个强弱关系呈现，我们发现它们之间很多都是有联系的，什么原因呢？很多。也许这个门店和另外一个门店的相似度非常高，也许是因为交通更加便利，也许是这里的人群对某一个场景特别感兴趣。所以随着时间的推移，你会建造出一个线下地理位置的知识图谱。这么一个知识图谱，就是一个线下的大脑，简单来说它有点上帝之眼的感觉，通过它你会看到人们的活动规律和轨迹。

无论是房地产，还是智慧城市；无论是智慧商业，还是商场商圈，都是围绕线下人流来进行设计。以前我们没有这种大数据，所以完全无法想象，过去开店是拍脑袋、凭经验或者听一些"前辈"的意见做决定。实际上这都是可以用数据算出来的，甚至可以用数据算出来在这个地方开店的成功率和销售额。

维智的想法就是通过对线下用户生活和商业行为的认知与理解，也就是通过线下的动态位置大数据来真正理解线下的零售、线下的商业和线下的生活。当然也包括理解线下的城市、社区、商圈到底应该如何构成才更加有效。

目前，我们的消费方式大多还是线下。虽然我们的线上消费增加了不少，但是所有的生产、运输、体验都还在线下，我们只是通过线上做了一个信息链路，实现最大效率的所有问题仍然在线下。因此，我认为下一个工业级的最大效率的革命是在线下。

线上给我们带来了通信和信息技术的流畅，但是线下的实体应该进行完全重构，地球应该可以真正变成智慧型的星球，而这个智慧型地球必须对所有的人、车、物进行感知。所以，我们的应用非常广泛，无论是交通、出行、零售、地产、医疗健康、金融还是文化教育，乃至整个城市，都是我们应用的方面。

线下应用大数据实现智慧商业

未来将出现简单的智慧零售和智慧商业。零售和商业其实很有意思，在一个简单的地理格网区域内，无论你是在拥有 10 万人口、100 万人口还是 1000 万人口的城市里，应该都能知道你需要做什么类型的商业。这个原理很简单，因为在一个地理格网里，人的流量是给定的，或者说是有限的，所以在这个地理格网里，无论是居住的流量、工作的流量，还是路过的流量，都是给定的，那么它的供给关系应该是一定的。

举例来说，在一个地理格网单元内，我认为在 1000 米或者 3000 米范围内，最多只能开 10 家火锅店，因为开再多的火锅店也没那么多人来吃，如果你开了 100 家或者 30 家，甚至 20 家火锅店，可以预见每家火锅店的生意都不好。智慧城市的核心就是供给的平衡，或者叫供需平衡。供需平衡完全可以通过对客流数据和人的生活习惯，包括商业数据进行对比来实现。所以从这个角度来看，我们用位置数据完全可以建造一个智慧的商业。

延伸来说，开店无非就三件大事：选址、运营、推广。行业里有一种说法，一般要选择一个差不多能有 50% 成功概率的地点，也就是说假设这个地方只有 3 家火锅店，如果你再开 1 家，肯定赚钱，因为我们知道这个地方的容量应该是 10 家火锅店，所以你再开 1 家，还是有赚钱的机会。但是如果这里已经有 10 家火锅店了，只是你不知道，又看那 10 家火锅店都挺赚钱的，所以也开了一家，后面又有人陆续开店，假设最后达到了 20 家，那么这 20 家火锅店可能都得倒闭，因为供需不平衡。

西方在 20 年前就有了非常强大的选址工具，但那时没有很好的数据处理方式。所以从这几年开始，美国现在的一些商业网点选址基本都是靠机器判断，因为通过大数据完全可以解决选址的问题，至少可以将成功的概率提高到 80%。

选址之后就是运营，运营很关键，应该摆什么货、应该有什么差异化等都是需要思考的，所以你要知道你的竞品以及周边的客流情况。这个世界是在动态变化的，运营也必须进行动态变化。以前大家都是靠人的努力和判断来运营，实际上未来的运营完全是智能化的，也就是说机器能帮你分析附近的客流变化，告诉商店要开始储备、摆放什么货物。当有一个强大的竞争对手来到你的身边时，机器也能告诉你运营的风险。

最后是营销。营销可以说是做线下商业最难的一件事情。线下的店面目前没有办法通过互联网来营销，因为现在的互联网营销是泛营销模式，在视频中打广告、在微信上刷流量等，但是我们现在零售的辐射范围可能只有 500 米、1000 米，最多 3000 米，大部分的零售行业，可能就在 500 米、1000 米之内。如何进行真正的触达营销？这需要线上、线下的集成，我们叫它全域触达。

目前，维智提供了一套工具，包括选址工具、运营工具、营销工具。使用我们的营销工具可以在 500 米范围内精准地进行空投。空投，即空间的一种轰炸模式，在 500 米范围内进行空间轰炸，保证客户无论打开哪一个 APP，都可以搜到门店的信息，但我们的定位是在 500 米之内。这种方式可以解决线下流量的问题，我们的目标就是帮商家引流到店，全域触达。

实际上，我也不知道这家店在这儿经营是成功还是失败，但是大数据骗不了人。我们把门店身边所有的客流、个人用户线下行为的数据和门店的销售数据都载入数据库，将成功的门店和失败的门店做一个相关性的人工智能推演与分析，之后便能发现成功门店与失败门店的差异在哪里。我们最后发现，大部分的情况都是人不对，即目标用户人群发生了变化；也有部分原因是交通、地理环境的问题。所以，一个线下地理位置的知识图谱能够帮商家找到开店成功与失败的原因。

这是我们赋能智慧零售和智慧商业的方式，再来说说我们对金融保险和地产的赋能方式。

金融大数据可以了解每家企业的税收情况、经营状况、管理层情况、财务状况、用工情况等数据，但这些数据只是财务报表上反映的数据，完全是纸面上的数据。我们跟万得数据合作时就在想，能否通过线下客流的数据、人流的数据、线下生活场景的数据、线下人们生活行为的数据构造一个知识图谱，通过这个知识图谱来和现在的经营情况和历史的经营情况进行对比，判断企业未来的发展情况到底如何。

这件事情就把我们真正的实际行为和它的财报进行了对比，因为大家也知道，有很多财报账面的数据都可以进行财务优化，但是"人"逃不掉，"货"逃不掉，线下的物理基础设施也逃不掉。

所以在疫情期间，我们上线了和万得合作的一套数据，通过这套数据，我们可以看到目前哪些地区受到感染的影响最大；哪些地区的用户可能还在小区里封闭着，所以他们不可能出来消费、经营；还有各个地方复工、复市的情况，我们可以精确到每一个门店、商圈、小区、办公楼的人群活跃度。这样可以帮助经济分析师，包括券商、贷款、保险、房地产等领域的朋友来规划工作。

最后，我想和大家说说位置大数据的应用。通过位置大数据，你可以实时查询在一定时间内，一个地点的客流量、人群画像、甚至可以查到去过这个地点的人的活动轨迹等——通过位置大数据对客流进行分析，从而更好地对商业行为进行分析和精确定位。

【提问环节】

Q：区块链技术跟 AI 技术的融合机会是什么？

陶闯：我非常看好区块链。跟大数据相比，我认为目前的区块链技术还不够成熟，需要一个相当长的时间发展。但是我觉得它的理念非常不错，尤其在未来，大数据会出现一个很大问题，即数据共享后的隐私问题，我认为那是区块链爆发的一个机会。也就是说到那个时候，区块链将成为嫁接在人工智能上的一个助力器。为什么呢？目前，数据的交换、数据的隐私是大家最关注的问题，而关于这一点，我觉得区块链提供了一个很好的解决方案，但区块链的基础设施可能还需要一定的时间累积。

Q：能否谈一谈 AI 公司的发展前景？

陶闯：你的公司能产生多少 AI 流量，就能证明你的价值有多大，有可能这就是你未来的市值。AI 公司的商业模式是不可限量的，一旦它掌握到了某一个场景下的商业能力和 AI 引擎能力，AI 公司的价值是无限的，因为它没有天花板，可以一鱼多吃。

但是大家也很担心隐私的问题。为此，我们也请教了很多有识之士，比如《失控》的作者凯文·凯利。我问他：“我用大数据将线下的情况、物理世界都已经了如指掌，可以把目前很多的时间、空间重新调整，这样必然会影响到大家的隐私，怎么解决？”凯文·凯利给我的答案是：“用户关注的永远是价值。”实际上这不是隐私的问题，而是你会不会滥用用户的数据问题。如果你能够把用户的数据认真用好，用户一定能接受，就像用户能够接受交通工具里有摄像头一样，但是我们可以进行非常严格的管控，这样安全性会更大。

Q：如何保证数据来源的准确性？

陶闯：首先，永远不会有完全准确的数据，也不会出现完备的数据，我们唯一有的就是人工智能。用智能的方法，通过数据进行推导、预测，当然这个预测不能说百分之百正确，但是能提高效率，因为处理数据最核心的目的就是提高效率。我们永远在追求完美，永远在追求一个优化的世界。

所以，即使是大数据公司、人工智能公司，他们也是不完美的，他们也在不断迭代。这就跟人一样，我们在决策中也可能会有失误，但是我们会不断学习、不断增长知识、不断收获更多的数据。

只有技术才能为教育减负

文 栗浩洋 松鼠 Ai 1 对 1 创始人、首席教育技术科学家

面对疫情的冲击，我们是所有同行里在应对方面做得最好的企业之一。我曾预言，线下的教育培训机构会倒闭 60%，没想到一语成谶。

对于松鼠 Ai 来说，原本我们账上的现金非常充足，但突发的疫情致使我们的收入在 2020 年 2 月降到不足最高峰值的 1/10，我们当即采取自救，压缩开支，员工的工资也降为疫情前的三五成，我们也因此引发了争议。但令人欣慰的是，我们 94% 的员工最后都选择留在松鼠 Ai。这场疫情，极大地激发了松鼠 Ai 员工的战斗力。

毫无疑问，我们于危机中所做的决策，包括线下转线上的战略定位，都让我们的员工相信松鼠 Ai 是一个能够渡过危机、在未来能赢得爆发的企业。也正是这份信任和信心让松鼠 Ai 顺利渡过了疫情这一关。

核心算法能精准评估孩子的学习状态

AI 在教育中到底扮演了什么样的角色？ AI 老师的架构是什么样的？与传统教师相比，AI 能教给孩子什么呢？事实上，AI 老师的大脑总共分成三层。

第一层是本体层。其间有学习地图、内容地图和错因分析。如果学生的学习出了问题，就会有具体的问题反馈。在传统学习的框架下，老师是按照标准化的速度来授课，但每个孩子的学习目标是不一样的，因此他们

的起点和终点都不相同。松鼠 Ai 的老师就根据每个孩子不同的起点和终点制定不同的学习目标，而且这个目标可根据学习进展而不断变化。

第二层是算法层。这里面有 LRS,（Learning Record Store），即所有学生数据的集合。还有 Profile，即 Learning Model，每一个学生用户的画像都将被呈现。它包括目标管理引擎、诊断引擎、学生的状态评估引擎、推荐引擎共 4 个核心算法引擎。

第三层是交互层。松鼠 Ai 的老师如何与学生进行交互？我们拥有独创的技术，而纳米级的知识点拆分就是其中之一。纳米级的知识点拆分，即深度细化知识点。例如，传统的初中数学是 300 个知识点，海外人工智能教育巨头可以拆分出 3000 个知识点，而我们能拆出 3 万个知识点。

如同手机的像素一般，从 400 万像素转到 4000 万像素之后，我们就能更清晰、精准地诊断出孩子的学习问题。这还不是简单地指出学生哪一块学习有问题，而是细化到具体的微小细胞。只有清楚地诊断"病情"，才能"对症下药""药到病除"。

当我们能够对学习问题做纳米级拆分时，我们对孩子的诊断和观察才会更细致，确诊才会更精准。

AI引擎可预测出适合孩子的未来职业

松鼠 Ai 智适应系统还有预测功能。我们通过机器学习可以预测孩子大量的行为，具体可以预测出孩子们的知识盲区有哪些，对知识的掌握能力怎样，掌握的时间多长，等等，甚至能够预测出在松鼠 Ai 学习的孩子们以后的大考分数。

AI 教育能够记忆并分析孩子的知识状态、学习能力、学习速度和学习目标，甚至通过分析孩子的人生目标，对孩子将来适合做什么、不适合做什么，都能够给出预测建议。

据统计，截至 2018 年年底，中国做 AI 教育的公司已有 60 多家，但至今除了我们，尚未有一家公司能够做人机大战这样的内容。

众所周知，AI 最顶级的就是做人机大战，我们的教学机器人做了四次人机大战，通过实验组和老师组的同场 PK，我们战胜了拥有十几年甚至二十几年教学经验的高级教师和特级教师。这是中国 AI 教育的骄傲。

为什么我们的 AI 老师能做到这一点呢？AI 在很多方面可能会超越常规老师，它们可以全知、全能。

AI 老师可以了解几万个知识点，而特级教师能讲出几千个知识点就已经很难得了，二者的学识渊博程度不一样。我们的 AI 老师有几百万的题库，而对于传统老师来说，他们很难瞬间从几百万的题库里选出合适的题目去教授孩子，更不用说如何进行针对性的训练了。于此，传统教师的不足显而易见。

除了全知、全能，AI 老师还能追根溯源。在 AI 教育里，有一个词叫"知识空间理论"，我们以前是只管学，学不会反复学，但有的孩子怎么学都学不会，因为没有对孩子的学习情况追根溯源，所以孩子学不会的原因是什么也并不清楚。

孩子关联的先决知识点没学会，后面的知识点学一百遍也学不会。所以 AI 不但可以监测到孩子对下学期学习知识点的掌握情况，还能通过追根溯源，了解到前序大量的知识点出现了哪些漏洞，从而针对性地帮孩子查缺补漏。

AI教育并不会替代传统老师

AI 教育和传统的直播课之间的区别到底是什么？疫情驱使中国近 2 亿名中小学生和几千万名大学生开始在网上听课，但在海外，传统的网课已经被验证失败了。

传统网课的第一个问题是难以监课，无法保证学生的学习效果。有个网课翻车的例子就很好地说明了这一点。老师说想找班长核实一下班级的上课情况，结果发现班长网络信号太差还没登录网课。对于松鼠 Ai 来说，这类情况就不会发生，因为我们 AI 系统对学生的状况一目了然，孩子在线的状态如何，是否在学，具体在学哪一个知识点、看什么样的视频，在松鼠 Ai 都有数据化的体现。我们对每一个孩子的学习进度和速度及知识点掌握率，全都有数据记录。

松鼠 Ai 智适应系统让老师能够用更快的速度带着更多的孩子到更远的地方。AI 并不会替代老师，只会让老师更轻松。

传统网课的第二个问题是老师直播形象的专业度、教学工具的运用熟练度不够。有的老师美颜失真，有的老师讲卷子时，还不忘看看摄像头里的自己。上网课的老师必须经过专业化的训练，他们的讲稿、教案也需要通过高级教师、特级教师一起打造。

传统网课的第三个问题即大班教学专业针对性弱的问题。孩子的知识点经扫描后发现，如果只有 10% 的知识点不会，那么一个 90 分的孩子只要学 10% 就行，不用兼顾其他学生的进度再浪费时间去听取重复的、已会的知识。只有通过 AI 和技术才能为教育减负。

当然，针对那些超过 58% 的知识点怎么学可能都学不会的孩子，我们会做相应的战略放弃。我们会根据不同的知识点来做相应的学习任务分配。

传统网课的第四个问题是学生的学习氛围差，专注力分散。事实上，孩子们若不在同一个教室，很难监管。松鼠 Ai 有个智能监课系统，可以保证孩子的专注度。按照我们知识性的逻辑，6 分的孩子给他 7 分的知识，他就能听懂这个视频，做题正确率高就会使他有成就感，孩子的专注度也就能被保持住。

我们每一个课程视频时长是 3 分钟，有效锁住了孩子的专注力。同时，我们提供给老师的学生报告也非常清晰，每个学生知识的掌握情况如何，全班的掌握情况怎样，我们都有数据化的报告。不难发现，AI 促使教育产生了颠覆式的改变。

教育只是关于知识和分数吗？我认为，最完美的教育是：虽然孩子可能忘记了老师教授的所有知识，但他们的思维水平、学习能力，能够应对任何学习上的新知识和工作、生活中的新困难。

思维、能力是玄学，如何把玄学变成科学，再让其能够被 AI 理解，其实非常难。拿我自身来说，小时候，我的数学获得了奥林匹克一等奖，后来又被保送到清华、北大、交大这类学校，但我的情商很低，看了大半年关于提高情商的书并无作用，最后，我用数学的方法把情商解构成了 27 个知识点，再逐个训练，如练习同理心，训练自己要说对方感兴趣的话题而不是自己感兴趣的话题，此时，同理心就提升了。诸如此类，不断通过科学化的方法去锻炼和提升自身的思维能力。

松鼠 Ai 开发了一套叫 MCM 的系统，即 Mode of thinking（思维模式）、Capacity（学习能力）、Methodology（学习方法），我们把孩子真正要具备的思维、能力和方法拆成不同的细节，针对每一个细节对孩子进行专注性的训练，然后发现效果非常好。

很多人问，我的终极梦想是什么？我认为做松鼠 Ai 并不仅仅是为了提高学生成绩，更重要的是：第一，让孩子从学不会、学得郁闷到学得快乐，有幸福感；第二，让孩子从学不会到学得会，有成就感；第三，让每一个孩子绽放自己不同的潜能，有追求感。

现今的教育把孩子都教成了一个样，用高考一条标尺来衡量他们。但事实上，我们应该把柯洁教成柯洁，把郎朗教成郎朗。马云高考数学只考了 1 分，但这也没有影响他成为一个非常好的企业家。那我们为什么一定要用数学或是语文、物理来衡量一个人的能力呢？

我们能否发现每一个孩子的独特潜能，助力他们绽放自己的潜能，让他们成为自己梦想中的样子？这是我对教育的终极梦想。

我相信，人工智能教育将会改变我们每一个人。

【提问环节】

Q：AI 如何赋能老师，未来是否会替代老师？

栗浩洋：对老师来说，AI 只能解决教育的问题、教学的问题，但教育中的育人、情感沟通、性格塑造必须由老师来引导。

老师要进行角色转换。第一，在未来教育方面，对老师的心理学知识要求会很高；第二，老师要会操作 AI 系统，如同司机驾驶汽车和飞行员开飞机，如果老师不会应用 AI 这个系统，那未来可能真的要失业了。但是当老师熟悉了 AI 系统的应用之后就会很轻松。

AI 教育系统对孩子的学习状况和数据一目了然，这更有助于老师因材施教、"对症下药"，不需要像我现在这样费尽口舌、口沫横飞地授课。智力系统的有效应用会让老师更轻松。

Q：这些年松鼠 Ai、VIPkid 等教育机构的规模扩大得非常快，但是俞敏洪老师也说过，对教育而言，速度和温度是有矛盾的，你怎么看这个问题？

栗浩洋：对于以老师为主流的教育机构来说，速度和温度一定会有矛盾。因为速度快了，老师的积淀时间就会不足，速度和温度之间就会有问题。老师也没有精力跟着孩子以真正达到最好的教学质量。没有教学质量，一切温度都不会有。所以对于它们来说，发展速度越快，效果越差。

另外，我认为，温度是让孩子在学习过程中学有所得，孩子恍然大悟的时候才是教育温度最高的时候。老师必须要解决温度的问题，给孩子以精神鼓励，让孩子茅塞顿开，这才是老师不能被替代的原因。

Q：AI 智适应教育是否有壁垒？是否适用于所有学科？在众多教育机构面前，我们如何打造自己的护城河？

栗浩洋：AI 教育的壁垒非常高而且是多维度的。

第一是核心科技的壁垒。纵观各行各业，有些行业没有壁垒，所有的机构都可以去做，但互联网的壁垒就比较高，它是一个规模带来的壁垒，一旦一个企业占有一定的市场份额，其他机构就很难进入，所以一般是前三家甚至一两家占领市场。但是高科技领域的这个壁垒更高，高通、华为可能只有一家能够去占领最多的市场。

第二是人才的壁垒。在人才方面，能否抢夺到最顶级的人才是关键，如果找不到顶级的人才，就无法确保团队搭建的架构有足够的竞争力，如同"鸟巢"和其他普通圆型体育馆的吸引力是不同的。如果 AI 架构搭得不好，教学效果会大打折扣。这个对我们来说非常重要。我们挖来了全球机器学习教父，著名学府美国卡内基梅隆大学（CMU）前计算机学院院长，美国工程院、艺术与科学院院士，美国科学促进会（AAAS）、美国人工智能协会（AAAI）Fellow Tom Mitchell 教授。他在 2018 年接受了松鼠 Ai 的邀约，出任首席 AI 科学家一职。

第三是企业基因的壁垒。与一般企业不同的是，我们在研发上耗费了巨大的心血，除了会考虑技术、编程、工程、产品，同时还会考虑教研的研发。

Q：你认为这次疫情对人们的学习和教育的方式会有什么样的影响？疫情过后教育会是什么样的？

栗浩洋：当下是线上教育为主，但后期还会回到线下。线下是会永远存在的，并不像某些行业会消亡。

亚马逊创立时，美国的书店发展就达到了最高峰，随着亚马逊的业绩增长，书店开始萎缩，最后倒闭，现在美国基本上不存在传统书店。但沃尔玛不同，沃尔玛在亚马逊高增长的十几年里，它的销售额从 1000 亿美元涨到 5000 亿美元，它不但没有像书店一样萎缩、消失和倒闭，反而增长了 5 倍。

所以对于有的行业来说，线上、线下一直并存，我们在大力发展线上的同时，线下的未来也会有非常大的市场。

第五篇

公益让商业有温度

中国企业，无论是国有的还是民营的，无论你是在中国还是在全球运营，家就在这里——就在中国。所以，我们再焦虑也有一种温暖在，那是一种力量，这种力量来自大家，而不是某个人。

中国企业界让武汉不孤单

文 郭广昌 复星国际董事长

我认为，现在是中国承担全球大国责任的时候，也是复星作为一个全球化企业承担全球责任的时候了。

疫情后产业的三个机会

蒋昌建：事实上，从疫情开始，复星很快参与全球抗疫，直到国内疫情高峰期过了，复星丝毫没有懈怠，正为应对全球疫情履行社会责任。这一路走来，你有没有一些思考跟大家分享一下？

郭广昌：第一，就是全球命运共同体，这在这次疫情中体现得特别明显。病毒是全世界共同的敌人，它不分黄种人还是白种人，抗疫是全球共同在做的事情。所以，中国得到了全球的支持，我们也应该支持全球。

第二，中国是世界第二大经济体，我们的确需要一批全球化的企业来整合全球资源，不仅是实现全球产业最优化和经济发展时需要，在碰到问题的时候也需要。所以像复星这样一个有全球组织能力的企业，应该主动承担起责任，做更多帮助社会、帮助国家、帮助全球的事。

第三，我觉得未来的整个经济、消费习惯等都会发生很大变化。比如，大家会更注重健康，所以复星提出了三个"化"：

一是健康化。许多产品都应该健康化，健康可能会成为一个越来越重要的刚需。

二是线下企业的线上化。经过这次疫情，大家意识到线上化非常重要且迫切。复星现在也大大加快了线上化、数字化速度，这是一件急迫的事。

三是家庭化。复星的愿景就是让全球更多的家庭更幸福，我们是做幸福产业链的，所以我们的产品会更加注重家庭化。

对企业最好的帮助就是让他们有生意可做

蒋昌建：很多人说，疫情来了以后，很多企业、行业都被按下了暂停键。你站在企业家的角度，对此是怎么思考的？

郭广昌：我认为现在到了需要尽快从危机状态中走出来、恢复常态的时候。

一个人、一个组织、一个社会都有惯性，我们突然从常态进入危机状态，想要有效地应对危机是很不容易的，需要动员所有人，需要大家有共识。中国在这个问题上的处理方式是长痛不如短痛，我们用一个短痛——整个社会几乎停摆，来解决疫情问题，我觉得是值得的。但时间不能拖得太长，制造业、服务业等行业的复工都很重要，包括线下零售、餐饮、旅游、体育、社交等各方面的活动，我觉得应该尽快恢复。

我不是一个专家，但基于我对疫情的理解，要彻底全面、百分之百地

消灭这个病毒的可能性不大，它可能会变成一个全球共存的病毒，最后解决它还是要靠疫苗、特效药，所以复星正全力以赴。在这些药出来之前，怎样让我们从非常规状态恢复到常规状态，对中国很重要，对全球也很重要。

我认为，现在第一要迅速恢复中国的产能，包括服务业；第二要用中国恢复了产能的防

护物资对接全球、帮助全球；第三要帮助那些碰到问题的企业。

蒋昌建：怎么帮助企业？

郭广昌：最好、最重要的帮助就是让他们有生意可做，让他们回到正常状态，只有回到正常状态，他们才不再需要你的帮助。此外，资金支持、减税以及对员工"五金"方面的减免等都很重要。

蒋昌建：企业自身要采取哪些举措？

郭广昌：第一，要继续保护好自己、保护好客户；第二，做好准备，重新开业；第三，始终保持跟客户的联系和对接。

这次学了四个字——"战时状态"

蒋昌建：网友们提了一些问题。有一个问题我觉得挺有趣的，在经历了这场"黑天鹅"之后，你自己对于一个好企业的标准有没有发生一些新的变化？还有一个问题是，这次的疫情在推动企业和行业的转型方面能够起到哪些作用？

郭广昌：我们这次学了四个字叫"战时状态"。

我发现，"战时状态"下企业的组织能力和效率是不一样的。有句话叫"你要让听得到炮声的人来指挥"，其实光有这一点还不够，企业还要处于战斗的状态，进而才能让听得到炮声的人来指挥。在这方面，我觉得以前我们提得不够。

复星一直在说，我们要比别人更快一点，要做对的事情、做需要时间积累的事情，但以前的体会的确没有这次深。这次面对的是要去救命，是疫情，大家真切体会到怎样让组织实现最快的速度、发挥最高的效率。复星在顶层设计上进行了调整，要每时每刻都让我们的整个组织处于这样的状态。这是我们从这次危机当中学到的。

我觉得有句话很对，不要错过任何一次危机，任何一次危机都是一个组织、一个人的学习机会。这次危机虽然让我们损失很大，但我们也得到了很多，我们深刻体会到战时状态下应该怎么去组织，应该怎样尽量线上化、扁平化、高效化。尤其是一个业务覆盖全球 20 余个国家的公司，在这么庞大的组织中怎样去快速决策，其中有很多事值得我们自己去学习和体会。这次危机让我们这个组织完成了进一步的组织进化。

蒋昌建：在这次抗疫过程中，你有没有从自己身上或是相关行业中发现过去没有看到的一些缺点或漏洞？

郭广昌：不在这种状态的时候，感觉人和人都差不多，反正都做了该做的事。但在抗疫过程中，你会发现哪些人做得特别快，哪些人、组织和企业是对的，你会去思考为什么他们是对的。

首先，价值观和愿景要对。其次，激励机制要对。最后，最根本的是人要对。

经过这次疫情，我发现并不是所有的企业都是好的，在这个过程中我们发现了好的团队，也发现了一些不好的团队。

我认为要实行"271"，也就是 10% 的不好的团队或者说一个团队中 10% 的不合格的人一定要被淘汰；20% 要被重点推荐、奖励；70% 是平均的，要被不断提升。

这听上去比较残酷，但是我觉得非常重要，要不断去进化你的人、你的团队，让你的团队始终处在一个战时状态。我们并不是每时每刻都能做到状态良好，但你要不断去看，就像球员踢球一样，当他不在状态时，就要用替补队员换下来。

中国企业界的团结和担当令人感动

蒋昌建：我们看到亚布力论坛的企业家们在这次抗疫过程中齐心协力、团结奋斗，充分体现了企业家精神。亚布力论坛的企业家群体也是中国企业家的缩影。经过了这次抗疫，你有没有对企业家精神或者对企业家的集体形象有一个新的认识？

郭广昌：大家都很有担当，可能我们有很多观点不一致，平时也会有生意上的竞争、利益上的冲突，但在国家大义面前、在全球共同的灾难面前，中国企业界体现出来的团结和担当让我很感动。

　　像马云、马化腾、刘永好、陈东升等，都是我们学习的榜样。武汉企业家也让我很感动，他们非常团结、努力，而且他们对于武汉地区以外的企业所做的任何一点贡献都致以最真诚的感谢，他们把所有的这些贡献都当成是为他们而做的，那种家国情怀、家乡情怀让我非常感动。

　　中国企业，无论是国有的还是民营的，无论你是在中国还是在全球运营，家就在这里——就在中国。所以，我们再焦虑也有一种温暖在，那是一种力量，这种力量来自大家，而不是某个人。

商业如何赋能公益

文 王渡升 洛邑古城董事长
刘成城 36氪集团创始人、董事长

未来几年，社会企业的量级会大幅提升

亚布力论坛： 下面的话题有关商业和公益，这也是困扰很多人的问题，请问两位如何理解两者之间的关系。

王渡升： 我认为是赋能关系，商业赋能公益。企业家在创造财富的过程中，如果没有可持续发展的理念，就是一个土豪。每一家企业都有众多的利益相关者，社会价值是企业非常重要的使命。未来，是商业赋能公益的时代，也是社会向善、商业向善、金融向善、人心向善的时代，更是商业和公益相辅相成、相互融合的时代，企业家们要大讲特讲自己如何用商业赋能公益，如何用商业做出可持续发展的社会企业。

亚布力论坛： 刘总的抖音号自我介绍写的是"看过十万个创业想法的男子"，也分享了很多前沿科技项目，比如用水来盖房子，既能改善非洲难民的居住条件，也能降低建造成本。你如何理解商业和公益的关系？

刘成城： 我对社会企业非常感兴趣，即商业模式成立，又能兼顾社会价值的企业，不管是帮助残疾人和难民，还是调节贫富差距等。刚才讲商业赋能公益，我倒觉得现在公益可以赋能商业。

我们要全面建成小康社会、推动构建人类命运共同体、均衡中西部发展。在这个大环境下，企业和创新项目如果能在缩小贫富差距，服务

残疾人等特殊群体，以及垃圾回收、污水处理甚至研发芯片等领域有所建树，对国家和人民都是有价值的，国家宏观政策对此也会给予很多支持，企业也比较容易获得红利。互联时代有人口红利，做一个 APP 就会有一堆人下载。现在人口红利变小了，但是社会价值的红利或是公益红利还会持续存在。有社会价值的商业模式，在社会和资本市场上能获得很多资源。

如果初心是创造社会价值，市场认可度会不一样

亚布力论坛：2018 年，由亚布力论坛理事王梓木先生起草、多位企业家共同发布的《社会企业家倡议书》，在企业界引起共鸣。中渡烟客是

一家社会企业，王总能否结合中渡烟客的探索和经历，谈一谈你对社会企业、社会企业家的思考？

王渡升：第一，社会企业家通过创造利润增加社会财富，通过创新和社会责任推动社会进步。第二，社会企业家应该将承担社会责任和推动社会进步放在首位，这一点与很多企业家不同。我相信，社会企业家作为社会价值的创造者，必将成为推动社会进步的一股强大力量。

2018 年我刚创办烟客时，没有太多的商业思考。我常年来回穿梭于机场、高铁站，由于我本人不抽烟，所以每次经过吸烟室就非常敏感，有一次我进去看一眼，发现里面烟雾缭绕，墙面都是黄色的，待一分钟身上就满是烟味。后来我派人观察吸烟室的人流量，得出一个惊人的

结论——每一个机场的吸烟室,每天平均人流量突破一千人。由此算来,每年约有 5 亿人次出入中国的机场、高铁站、客运码头以及重要交通枢纽的吸烟室。

2018 年中国成人烟草调查报告显示,我国大概有 3.16 亿烟民,占全国总人口的近 23%,约占全球烟民的 1/3。这么庞大的群体在吸烟室待着基本是没有尊严的,他们不是烟民,而成了"烟贼",除此之外,还有很多人正在遭受二手烟的伤害。

我在想,这么大的刚需场景,能否通过我们的努力发生改变呢?我们研究之后认为,如果没有商业,事情是不可持续的。于是我找到成城,一起研究烟客商业化。最终,在项目完全不成型的状态下,36 氪基金投了 2000 万元天使资金。

我们一直在思考,如何更好地服务吸烟人群和被动吸烟人群,我们尝试了几个方向:

第一,研发全球比较领先的新风系统。我们跟远大集团等几家企业联合成立了新风实验室,研究如何迅速排放含有烟焦油的烟雾,使吸烟室里的人少受二手烟的伤害,也防止二手烟散到吸烟室以外的地方。

第二,研发快速点烟灭烟系统。

第三,使用大数据智能门禁系统,通过刷身份证或护照等证件,防止未成年人进入吸烟室。

第四,面向市场,我们开发了一款润喉清肺的疗愈性气雾产品。

在烟客规模化以后,我们年均服务人数可能会突破 5 亿人次,也会阻挡数亿次的二手烟伤害。我们还建立了"烟客公约",有一套自己的逻辑。

现在,我们投放了大量的公益广告,比如 7 月我们跟中国儿童防走失平台签署了战略协议,在一百多个交通枢纽的吸烟室播放走失儿童的信息。同时,也开始做大量的公益宣传,如让吸烟更文明,杜绝二手烟,等等。

亚布力论坛:刚才王总说,在烟客项目完全不成型的时候,36 氪基金投了 2000 万元的天使投资。请问刘总,你作为一个"看过 10 万个创业想法的男子",当时为什么要投烟客?

刘成城：我给自己的定位是一个创业者，投资做的其实很少，主要是身边的朋友。我和王总之前有过合作，相互之间有信任基础。我们和烟客合作，主要是对烟客创业团队的认可，他们做成过一件事情，就可能做成两件事情、三件事情。

亚布力论坛：在中国，其实有很多所谓的社会企业，它们本质上仍是纯公益项目，靠资金输血维持。王总能不能分享一下你做社会企业这三年的经历？比如踩过哪些坑，发现哪些经验和规律？

王渡升：早期是踩过一些坑，比如说如何营利、如何洽谈。中国每一个机场、每一个高铁站，基本都是独立的，需要一个一个地谈。很多人说，烟客不是完全市场化，而是靠资源推动。其实，资源可以推动一两个机场或高铁站，但是不太可能推动所有地方，我们是通过努力得到认可的。

像北京大兴机场原本连吸烟室都没有，因为吸烟室环境太差，对人的健康和公共环境都不好。但机场方面觉得，吸烟室又是服务人民的刚需，所以主动找我们合作。只要你做事的初心是好的，市场对你的认可度也不太一样。

创业者在高速成长状态，要警惕商业模式不可持续

亚布力论坛：王总曾经还说过，烟客是一个标准化的影响力投资，你怎么理解影响力投资？

王渡升：做烟客之后，我无意当中看见了影响力投资这一概念，它是指一笔投资既有正向的财务回报，同时又能对社会产生正面且可测量的影响，这正是烟客的逻辑。

过去20年，一方面，全球财富聚集速度非常快，不少巨头公司富可敌国。另一方面，世界上还有约20亿人口每天的生活费大概只有3.1美元。影响力投资应该关注这些人，他们也可以为你创造巨大财富。年轻的创业者一定要考虑如何创造社会价值，而不仅仅是谋利。

另外，影响力投资还要考虑项目的可持续发展性。成城看过很多项

目，他对可持续发展有很多理解。一些企业可能很赚钱，但是在法律、伦理、道德和社会环境方面存在各种不足，结果只能是昙花一现，不可持续。

亚布力论坛：刚才王总提到，刘总对可持续发展有很多思考。刘总能否趁这个机会分享一下？

刘成城：从公司角度来讲，很多商业模式是不可持续的，比如共享单车在某一类做法下是不可持续的，它的规模越大，亏损则越大，甚至效率、用户体验和社会效益也会越差。但是，创业

者在超级高速成长状态下，很难做到头脑清醒，往往对商业模式不可持续的现状视而不见，一直往前冲。这很普遍，很多公司都经历过，我们自己也是，但创业者要警惕这种情况。

亚布力论坛：请问刘总，你在分析一个企业和项目时，如何判断他们是否可持续？一家企业，尤其是在高速发展中的企业，怎么避免发展不可持续的问题？这两年，确实有很多企业轰然倒下了。

刘成城：大家最容易理解的是商业模式能否可持续。另外，还有两个因素大家平时比较容易忽略：一是团队；二是创始人。看一个公司，需要综合考虑这三个方面。

很多团队由于股权纠纷、理念差异等问题，出现僵局甚至撕破脸，导致一家企业不可持续，这很常见。在团队搭建和股权设置上，要么找理念和大是大非面前偏好比较一致的人，要么就是创始人说了算。

最后，创始人的状态也是一家企业能否持续的重要因素，这个基本上只有创始人能理解。在成功的时候还好，谁都愿意持续发展下去。关键是

在挫折、失败之后，创业者能不能扛过来，甚至在彻底失败后，能不能重新做一些事情，东山再起。其实，没有任何一个创业者可以说自己能持续成功，即便是埃隆·马斯克这样的极个别连续成功者，也经常在成功、挫折和失败之间徘徊。

企业未来如果守不住社会价值，商业模式也不会存在

亚布力论坛： 对于商业和公益的未来，两位看到了什么潮流？

王渡升： 很多年轻创业者认为，钱都没赚明白就去做公益，不是有病吗？我认为没病。你对未来三年、五年、十年的大势做出判断后，才可能走好眼前的每一步。

有一句话非常有道理："可能我看不懂明天，但我能看懂三年、五年、十年之后的样子。"这是真实的，如果没有这种穿透性，没有对未来社会发展的认识，你创什么业都可能做不好。

年轻人创业不要单纯逐利，一定要想好怎么奉献社会，如此得到的回报一定远超你的想象。

刘成城： 具体的模式很难讲，每个行业都会有新模式，但是未来几年，社会企业在量级上会有很大的提升。过去十年是移动互联网的十年，而这两年也酝酿出了很多具有社会价值的企业。不管是在国产替代，还是环保、生物医药领域，很多企业都做了非常伟大的事情，这些企业在资本市场上受到了很多的追捧，未来几年将是他们的舞台。

亚布力论坛： 你们看到了这个大潮，下一步会做什么？

王渡升： 希望中渡公司的持续努力，可以让吸烟更文明。

刘成城： 36氪的媒体业务，也是有社会价值的。我们对于中国互联网行业、移动互联网行业的创新发挥了很多作用。虽然传播知识、信息等业务本身不是我们的商业模式，但是它的社会价值很大。也是因为有这个价值，我们吸引了很多用户，我们在此基础上做了其他的商业模式架构。

未来几年，企业要守住自己的社会价值，因为如果没有价值，商业模式就很难维系，企业也没办法可持续发展。

抗"疫"改变了我对民营企业的看法

抗疫改变了我对三种人的看法

蒋昌建:在全球抗疫过程当中,郭总作为一个中国的企业家代表,参与了这么多天的抗疫,最深的感触是什么?

郭广昌:第一,我认为中国的抗疫做得非常好,但有些国家在相对付出代价不高的情况下也做得很好,如日本、韩国、葡萄牙。

第二,这次抗疫让我改变了对以下三种人的看法:一是医生、护士,他们让我更加崇敬;二是年轻人,我对他们更加充满希望;三是像我们自己这样的民营企业家。在抗疫过程中,民营企业家提高了自我认知,也很有家国情怀。

蒋昌建:在疫情暴发的关键时刻,我们可以看到作为企业家、作为民营企业家的情怀。接下来问一下张文宏教授,如果国际疫情再有变化,全球的交通、航运恢复后,我们就要应对新的变化,对此我们是否做足了准备?从您的角度来说,我们该准备什么?

在中国疫情暴发前期,世界上的很多国家对我们是开放的。目前它们感染了疫情,我们也不能对它们全然关闭。因此,我们会面临输入的风险。但第一波疫情的冲击使得全国的公共卫生体系得到了极大提高,这是复工、复产、复市的重要保证。所以我们应该对此有信心。

疫苗开发是终极战疫之法

蒋昌建：复星是一个非常大的企业，也是中国其他民营企业的优秀代表。在常态化的疫情防控和复工、复产中，您对员工和企业有没有原则性的要求？

郭广昌：一般情况而言，我们会戴口罩，现在已经非常安全，所以我们近乎百分之百的员工已复工。复星本身受到了一些疫情影响，但总体上来说，复星恢复得很好。现在我们最应该担心的是中小企业，2~3个月它们也许能撑下去，但半年或时间更长呢？

服务业是支撑中国经济就业最主要的力量，我们应该积极支持它们复工。但只是复工没有用，关键要有人去消费，所以我们要放心地让大家去消费。

蒋昌建：我们现在进入常态化的疫情防控阶段，怎么理解常态化？常态化的防控与此前的防控有什么区别？

张文宏：简单来说就是戴口罩，从科学上说是保持社交距离。复工、复产最主要的问题，就是大家聚集在一起很容易产生感染风险，所以戴口罩是维持社交距离的重要措施，这很关键。

蒋昌建：安全、健康是第一位的，每个人为自己负责的同时也要为别人负责，这非常重要。

疫苗的开发对疫情防控十分重要。郭董事长，你也有很多生物医药的企业，对于疫苗的开发你怎么看？

郭广昌：我认为疫苗是终极之战。

蒋昌建：张教授，您对年底疫苗的问世持什么态度？

疫苗是否能研发出来取决于冠状病毒是准备长期待下去还是准备像SARS、MERS 过一段时间就能消除。如果是前者，那么最终我们要靠疫苗才能战胜疫情。

坚持多样化饮食是保持健康的关键

蒋昌建：广昌先生，对个人的健康，包括管理、管控方面，你有什么样的想法？

郭广昌：这次疫情对大家最好的、最大的变化就是我们的确要关注自身健康。我们希望能给每个家庭提供私人医生的服务，帮助每个家庭做好平时的健康管理。当需要医生的时候随时能挂上号，甚至能在全球范围内找到好医生来看病。

张文宏：重症化跟营养有绝对的关系，所以我们首推蛋白质量值要高。日常的饮食，维生素、蔬菜这些必不可少。我们要坚持饮食的多样化，但绝不能以碳水化合物为主。碳水化合物可以提供高能量，但是如果以它为主，你的蛋白质量就不够了。所以要坚持多样化的饮食。

蒋昌建：郭董事长，受疫情影响，很多的景区、饭店、娱乐场所，包括电影院全部暂停营业，在疫情当中您最怀念什么？什么东西追得回来、什么东西追不回来？

郭广昌：我最怀念的是那种自由自在的感觉吧，疫情还是使我们受到了很多束缚，我们失去了很多生活的乐趣。但只要我们心生阳光，保持对生活的渴望就很好。

美美与共方能渡过危机

蒋昌建：目前中小企业在疫情状况下，最重要的是要活下来。广昌先生，你觉得他们在这种情况下要靠什么才能活下来？

郭广昌：第一，还是要靠好产品，越是好的产品，发展会越好。

第二，要学会线上化生存。可能以前你觉得没必要用线上的方式与客户交流，但现在面对面的交流越来越难了，所以线上化生存变得非常重要。

第三，要做好自我生意的健康化管理。换言之，如何让大家放心使用产品很重要。但最重要的是要撑住，不要轻易放弃。

蒋昌建：有一些国家复工、复产的前提是把抗体先测一遍，有抗体的人去上班，其他不确定的就暂时待在家里，您怎么看？

张文宏：从全球角度来看，复不复工取决于疫情是否可控，而不取决于抗体是不是阳性。全球都在全面复工，所以我们不全面复工恢复经济是错误的。我们要促进经济恢复。

蒋昌建：即便有抗体，科学研究表明，抗体在体内只能维持 52 周，这是否意味着我们每隔一段时间就得打疫苗？您与免疫专家和疫苗研究专家是否讨论过这个问题？

张文宏：事实上这取决于病毒的特性，现在抗体的保护有多强以及可以维持多久，我们都没有相关数据。但对防疫专家来讲，不同的病毒完全不一样。像水痘病毒疫苗，小孩子打一针可以维持很长的时间，冠状病毒到现在为止我们无法预测该病毒疫苗的保护有多久。关于这个病毒的特点，我们还需要时间去摸索。新冠病毒的变异率是多久？这个变异和抗体的保护有没有关系？现在尚未可知，我们可以再等等。

郭广昌：除了坚持之外，我们再努力一下，每个人都再努力做得更好一点。

蒋昌建：商业之美在于它用高效率的资源配置解决社会各种各样的需求，这是营商的一个基本逻辑。因为任何商业的行为，最后所接受的审判不只是经济的审判，还有道义上的审判，所以每一个企业家都流着道德的血液。

科学、担当和全球化的视野能帮助我们走得更远，在全球化的今天，没有任何人能独善其身。所以不仅要各美其美，还要美美与共。

公益事业离不开监督与批评

文 冯 仑　御风集团董事长

民营企业有三个重要问题需解决好

近年来企业家的经营活动、公益和慈善活动备受公众关注。企业家是如何通过 NGO（Non-Government Organization，非政府组织）的方式来履行社会责任的？这背后的逻辑是什么？未来的发展走向是什么？我认为这些值得观察和分析。

改革开放从 1978 年开始到现在，已经走过了四十多年，在这个过程中，民营企业的发展与经济社会其他方面的发展是同步的，都是朝着一个方向发展。但同时，在这个过程中民营企业本身有自己独特的问题需要解决。在过去的四十年和未来的三四十年里，我认为民营企业有三个重要问题需要解决好。

第一个问题是要解决好和自己的关系，也就是要解决自己的生存和发展问题。企业先要解决好自己与股东、市场、产品、客户、员工的关系。企业为什么存在，能不能生存，怎样生存，和股东一起怎么发展，怎样让员工受益？这是最难的一个问题，但是这个问题不解决，就很难再去关注其他问题。

为什么说生存问题是最难的？大体上民营企业在最初的二十年主要都是在解决这件事情。在最初二十年，企业家的精力基本上都在自己身上，解决自己赚钱、发展和生存问题，不断找到生存的法则。

第二个问题是要解决企业、企业家和社会之间的关系问题。企业和社会是什么关系，和企业之外的那些人、那些事、那些利益群体是什么关系？这个我们通常叫和企业利益相关者的关系问题，也可以把它叫作和社会的关系问题。这牵扯的最重要的一件事情，就是企业获得生存和发展，赚了钱以后，怎样履行社会责任的问题。

履行社会责任就是处理企业和它的利益相关者之间的关系。利益相关者的圈可以画大画小。画个小圈，就是企业与社区、员工家属以及客户、供应链相关的周边群体和利益主体之间的关系。画个大圈的话，解决的可能不是跟你直接有关的问题了。比如这次疫情暴发，大家共同帮助解决的是所有人的问题。处理好和社会的关系，我们就称企业有社会责任。

第三个问题是要处理好跟整个社会体制、政府的关系，这也是很重要的。企业家们都很清楚，现在是亲清政商关系。这是一个长期的工作。

在过去的 40 多年里，这三个重要问题是企业家最关注的、要核心处理且要把握好的事情。如果我们能够解决自己企业的生存问题，同时履行社会责任，诚信透明、合规合法，而且和政府能良性互动，企业就获得了一个可持续发展的环境，同时企业，乃至员工、企业家，也获得了一个可持续发展的良好内在机制，企业因而能够健康发展。

改革开放以来NGO的发展取得了巨大进步

今天我们要讲的 NGO，其实是指上面讲的第二件事。企业家为什么和 NGO 发生关系？其实就是要履行社会责任。

有一年巴菲特和比尔·盖茨来中国，邀请了一些企业家，当场劝捐。这件事受到了媒体的关注。当时很多企业家还没有完全意识到，履行社会责任是企业长期发展必须要做好且要长期做的事情。这件事客观上起到了一个很好的作用，就是激发了企业家的自我反省和思考，我们开始思考怎样把自己的一部分财富拿出来回报社会。

亚布力论坛每次开会都有一个专门的分论坛，讨论企业社会责任问题，在讨论中，大家也更多地关注到企业家履行社会责任的方法、途径、人才及项目等。

怎样找到一个合理的载体、方法或者路径来履行社会责任？其实大量的工作应该变成一种可持续的事情，要有重要的方向，并由专业团队来运作，这些专业团队就叫 NGO。通过专业团队来运作和持续经营，使企业与社会建立起一个长期的良性互动的关系。

改革开放 40 多年来，NGO 的发展取得了非常大的进步。国家在法律层面也给予了很大支持，如通过制定法律、法规，给 NGO 的发展提供了制度空间和法律准则。

1998 年国务院就颁布了相对比较完备的《社团登记管理条例》。2004 年，国务院又颁布了《基金会管理条例》。此后，民间的公益基金发展也非常快，成立了很多基金会。为了规范和推动民间的慈善行为和公益行为，2016 年，全国人大又通过了《中华人民共和国慈善法》，从整体上规范了公益组织和公益行为。此外，政府部门也出台了相关条例，规范行业协会。

有了法律、法规的规范，企业家就能依法依规，通过基金会、商会等各类组织和专业人才系统地积极履行社会责任。

基金会是企业家履行社会责任的一个重要形式

基金会是目前企业家履行社会责任的一个重要形式。

　　这次疫情暴发后，企业家们积极抗疫，在这个过程中大家也注意到了很多基金会的身影，如壹基金、马云公益基金会、泰康溢彩公益基金会、卓尔公益基金会、当代公益基金会、阿拉善 SEE 基金会等。大家会发现，这时候基金会跑在了企业家前面，这是因为大家都是通过基金会在运作。

　　基金会在前边，由专业人才进行运作；企业家在后边，提供相关资源的支持，这样发挥出来的作用就会更大、更持续。为什么企业家会选择基金会这种形式，道理就在这儿。应该说基金会是企业家这几十年来系统、专业、可持续地回报社会、履行社会责任的一种常见形式和载体。

　　比如爱佑慈善基金会，它在 2004 年发起时的规模是 2000 万元人民币，而现在它每年支出的公益资金都在两亿多元。爱佑有一个项目是解决贫困儿童先天性心脏病问题，这个项目每年支持几千例手术。后来，由于基金会的存在和参与，政府开始重视这个问题，也参与进来，共同解决贫困儿童先天性心脏病问题，现在累计为七万个贫困家庭解除了担忧。

　　截至 2019 年 9 月，全国已成立了 7400 多个公益慈善基金会，数量越来越多，形式越来越多样。企业家们在用各种方式参与、发起、推动公益基金。有一次我问王石："你参加了多少个公益基金会？"他算了一下，说跟 32 个公益基金有关系。我也算了一下，我自己直接发起的公益基金会有近 20 个，还不包括参与的，如果都加起来会更多。

　　中国很多企业家乐于参与公益基金会，通过公益基金会，他们可以发挥企业家的能力，采用专业的方法及技术手段更有效地调动资源，解决社会问题。这样履行社会责任，效率会更高、可持续、结果导向，事情也很明确。

　　现在国内很多民营企业家用基金会这种形式来进行可持续的制度安排，与自己企业的商业行为做明显的分割，即商业是商业的事情，非商业的事情就以公益基金会来推动。

　　要特别注意到，这次疫情暴发以后，企业家们冲锋陷阵，更多地表现为他们的关切和他们贡献的财富、能力和资源。除了捐钱、捐物，很多大的企业平台，包括复星基金会、阿里基金会、腾讯基金会、泰康基金会等，都以输送物资、金钱的形式支持抗疫前线，而更为重要的是技术支持，比如腾讯、阿里等许多互联网科技公司，加班加点开发出很多应用小程序和技术，通过技术研发和改进，为前方抗疫提供支持，让疫情管控特别是社区管控更有效、更直接，也使整个社会的管理变得更有效。

可以说，在这次抗疫活动中，企业家们大量运用 NGO 中的基金会形式来履行社会责任，把他们过去多年的专业、能力、资源都派上了用场。

中国公益事业需要监督批评的声音

【提问环节】

Q：接下来我来说一下几个网友通过平台提出的问题。第一，一个好的组织需要哪几大因素才能运转起来？

冯仑：我觉得当下要做好 NGO 组织，有几件事情特别重要。

第一，是创办人的初心。也就是说，创办人要有使命、愿景、价值观。这很重要。

第二，整体专业团队很重要。基金会秘书长的专业性和它的专业团队也非常重要。

第三，整个组织的运转模式和机制很重要。这有点像企业，包括对团队的激励、对项目的考核以及各分支机构的建立、组织等。

我认为这三条是支持一个 NGO 组织可持续发展的最重要的因素。

Q：武汉之后会面临更长期的灾后重建工作，您认为企业家和 NGO 接下来可以做些什么？两种力量应该如何协作？

冯仑：我觉得民营企业可以发挥作用的地方非常多。比如说跟大健康有关的产业、企业，都会获得发展机会。大健康行业未来会有不低于20 万亿元的市场规模，这次疫情以后，这个数据会更大，且更大的市场会被激发出来。在这个过程中，许多与健康行业相关的或者准备进入这个

行业的民营企业将会得到很大的发展。

另外，我觉得民营企业，特别是公益组织，可以把一些资源、精力放到公共安全上来。

比如壹基金，以前注重地震方面的防灾，未来能不能将公共安全方面也作为一个重要领域去发展？当然，这仅代表我个人的想法。还有一些公益基金会，比如马云公益基金会，就通过支持科技研究来解决疫苗问题。此外，还可以用互联网来解决数字化改造问题，帮助中小企业完成数字化转型、数字化改造，使企业相对高效、安全地开展商务活动，推动商业发展等。

这些在疫后对公益基金会和民营企业都提出了很大挑战，但同时也提供了广阔的机会和市场。

Q：疫情期间有很多公众质疑 NGO 的表现能力，认为它们没有满足社会所需，您怎么看待 NGO 在这次疫情防控中起的作用？从长远来说，经过 40 多年的发展，为什么 NGO 仍然没有摆脱公众对它能力的质疑？

冯仑：我觉得质疑是一种很好的监督。NGO 在 2008 年汶川大地震的时候也受到一些非议，后来就有了很大的进步，比如壹基金通过规范变成一个公募基金会，进入制度化、体系化的运作阶段。

这次民间人士、公益基金同样也是抱着良好的愿望和热情冲进去，试图帮助前线抗击疫情，做了很多工作。但是因为现场压力较大，且各个机构、部门一起协作需要磨合，事先也没有演练过，所以出现了批评的声音。但总体来说，比 2008 年的时候已经好了很多。

以壹基金为例，2008 年壹基金在李连杰的带领下做了很多事，但当时的能力、人力都很有限。而这次大家都很关注，企业家们和李连杰都在不停地联络、帮助，系统化操作后，向武汉运送了 20 多批次的物资。其中，募款、分发、监督等各方面都做得很好，这个进步和改善是非常明显的。

所以，我相信公众对公益基金提出的一些更高要求，比如透明度、专业性、规范性等都是非常好的。他们提出的一些批评，都是善意的批评。在这些监督批评的声音中，中国的公益事业、民间的 NGO 才能够发展得更好，民营企业在履行社会责任方面才能取得更大的进步。

企业家为公共卫生治理添砖加瓦

全球公共卫生治理正面临一场大考，一个全新的公共卫生体系正亟待建设。当前，全球公共卫生体系存在哪些短板？有哪些补充短板的解决方案？如果疫情再度暴发，我们该如何应对？过去，中国企业家们积极驰援抗疫，用实际行动为中国与世界留下了温暖底色。未来，在全球公共卫生体系建设中，企业家们还能发挥什么作用？

围绕上述问题，中诚信集团创始人、董事长兼中国人民大学经济研究所所长毛振华，北京大学讲席教授、公共卫生学院全球卫生系主任郑志杰，九州通医药集团股份有限公司副董事长刘兆年，武汉海特生物制药股份有限公司董事长兼总经理陈亚进行了深入讨论，元明资本创始人、迈胜医疗集团董事长田源主持了论坛。

田源：当前的全球公共卫生体系似乎分崩离析，全球疫情又此起彼伏，至今没有消停的迹象。请问郑教授，全球卫生体系出了什么问题？你的"药方"是什么？

郑志杰：所有国家的公共卫生体系相加，形成了全球公共卫生体系。一个好的全球公共卫生体系建设，需要各国的协调合作，但这种合作通常是1+1<2，没能真正发挥合力的作用。这次疫情，WHO（World Health Organization，世界卫生组织）在全球预警、制定指南、实时监测、协调研究路线图、现场考察、技术培训、物资援助、强化筹资等方面发挥的作用值得肯定，但这么多年它也存在很多问题。首先，它只能协调不同主权

国家的行动，缺乏真正的权威性和强制力。WHO 是共识治理，只有多数国家同意，公共卫生项目才做得下去，一旦阵营不同，工作往往就难以推动。这是目前全球公共卫生体系面临的最大困境。其次，目前世界卫生组织还存在资金不足等问题，这就导致很多工作无法推进，再加上美国"退群"等原因，全球的公共卫生治理进一步缺失。如今，世界银行、盖茨基金会等行为体所发挥的作用日益增强，世界卫生组织这个行为体，正面临着现实发展的困难。种种现状表明，加强全球公共卫生体系建设，需要各行为体的共同努力。如果没有一个强大的国际合作机制，就很难建立起良好的全球卫生治理体系。

田源：全球共同抗疫正面临非常大的挑战。那么，中国能在其中发挥什么作用，能为世界卫生组织做多大贡献？

郑志杰：中国正在做一些力所能及的推动工作，也一如既往地将世界卫生组织视为全球健康领导者。所以，中国在抗击疫情时也在全力配合WHO 的工作。对中国来说，与世界卫生组织紧密合作是一个相对顺畅的途径。不过我们也在思考，如何更好地发挥中国在公共卫生方面的作用。习近平总书记在第 73 届世界卫生大会上已宣布，中国将在两年内提供 20 亿美元国际援助。如何更大地发挥这 20 亿美元的价值，也是需要大家共同思考的问题。这笔钱应该花在什么地方？一方面，它可以作为疫苗的研制经费；另一方面，我们研制成功的疫苗也可以以全球公共产品的名义进行低价出售。这些都是为全球抗疫提供公共卫生产品的方式和手段。中国也希望尽力帮助受疫情影响的国家尤其是发展中国家去攻克一些公共卫生的薄弱环节，比如提供新冠肺炎病毒的疫苗试纸，提供个人防护的诊断瓶及其他产品等。

中国与"一带一路"沿线等国家的合作也在有条不紊地推进。未来，中国应进一步加强与欧盟、东盟、非盟等区域和国家的合作，以对冲美国"退群"造成的负面影响。当然在全球公共卫生领域，中国还是应该排除万难，寻求与美国的合作。

田源：毛教授如何评价全球公共卫生体系？中国的公共卫生体系应该如何改革和完善？

毛振华：美国目前仍然是超级大国，公共卫生的基础力量非常强，对于全球公共卫生体系建设仍然具有很重要的作用。所以我认为，世界卫生组织应该想办法做出一些让步和改革，让美国重回这个大家庭。毕竟，病毒、公共卫生、世界性的危机是人类共同的敌人，美国还是有可能回来的。

回看中国，我们充分发挥了在技术、体制及管控能力等方面的优势，应对疫情有很明显的成效，尤其在应对输入型病毒方面，没有任何问题。但武汉早期的防疫工作出现了很多问题，这一阶段的防疫工作值得研究和反思。武汉的公共卫生治理处于全国一流水平，公共卫生城市设施也比较完备，这么说来，公共卫生治理本应该井然有序，但在封城之后的初期，民众还是出现了一定的恐慌。这是为什么？初期一些医院收治的主要是医护人员等，武汉对社会的管控能力较弱，无论是防疫政策还是公共卫生体系，都有很多需要考量和完善的地方。再看当下，有专家说我们可能要应对疫情的二次暴发，面对这种不确定性，我们还是"宁可信其有、不可信其无"，做好防范。在下一波疫情到来之前，要加快补充公共卫生体系短板，加快建立起网格化的发热门诊体系、分级诊疗体系。从某种意义上说，公共卫生管理不仅是一个专业技术问题，也是一个社会管理问题。我们只有做好了充足准备，整个社会的医疗资源及其他资源才能得到最有效的配置。

田源：中国在抗疫过程中积累了很多经验，但这能否说明我们已经具备了应对下一波疫情的能力？在此次疫情中，我们应该吸取哪些经验和教训？

刘兆年：说到公共卫生体系，我们先要明白什么是公共卫生。新冠肺炎疫情这类的公共卫生事件通常有三个属性：第一，它属于大众健康问题，涉及的不仅是某一个地区和国家，而可能是全人类；第二，解决这类公共卫生问题是政府的主要职责，出现公共卫生事件的时候，常常需要依靠政府力量加以解决；第三，公共卫生事件防控所需经费需要政府出资，因为任何个体和医疗机构都难以承受这笔费用。

基于这三个属性，当发生公共卫生事件时，要确保做好两件事才能顺利解决危机。首先，政府要应对有方；其次，政府要有钱。从全球各国应对疫情的实践来看，凡政府应对有方且免费提供疫情防治的，战疫就容易取得成功，反之，就陷入了被动境地。中国政府在这两个方面都做得比较到位，应对得力，继续坚持下去就没问题。

郑志杰：公共卫生治理要从大的公共卫生体系角度来考量。医疗机构、疾控中心都属于公共卫生体系的一部分。可以说，从疾病的前期预防到后期的发病再到二次预防，公共卫生贯穿了整个医疗环节。这么大的一个体系，主要还得依靠政府。在应对公共卫生事件中，政府的领导力及应对方式非常关键。对比中美两国政府在此次疫情中的作为，会发现：不尊重科学和医学专家，用选举政治主导防疫，会造成不可估量的灾难。在这方面，我们要吸取美国的教训。

中国的公共卫生体系还有很多短板，比如技术短板。过去由于技术限制，只能人工采集信息，有时候采集的信息不准确，从而导致结果不实。以当年的 SARS 为例，出现 SARS 以后，中国建立了强大的传染病监测直报体系。但在直报过程中，有些人在医院填报的信息并不准确。在这种情况下，我们如何保证填报信息的准确度？技术的发展和进步能够帮助我们解决这个问题，所以我们要进一步加强技术创新，补充好这方面的短板。

只有这样，才能有效保证我们下次在应对百年不遇的病毒时做到手有余粮，内心不慌。

短短 20 年间，就发生了六次全球性公共卫生事件，包括 SARS、H5N1 禽流感、H1N1 猪流感、埃博拉、MERS 以及新冠肺炎疫情。在自然界、动物界，各种各样的新病毒接连出现，我们对这些病毒也并不了解。所以，人类还应该强调生态健康，把人类健康、动物健康和生态健康放在同一个框架里进行考量，与自然实现和谐统一。这就是全球公共卫生强调的"One Health"或"健康大同"的理念。

环境恶化是引起新发传染病的另一个重要原因。2005 年《国际卫生条例》要求，各缔约国应当发展、加强和保持其快速有效应对国际关注的突发公共卫生事件的应急核心能力，从发现、评估、报告、通报和处置等方面，提高应对突发公共卫生事件的能力。但包括中国在内的很多国家并不愿意让其他国家对自己"指手画脚"，觉得自身的主权不容侵犯。这种不够开放的精神，自然不利于全球公共卫生体系的发展。

陈亚： 首先，希望政府和媒体给予容错机制，未来针对这类病毒的上报有免责机制。上报人不用害怕出错，"宁可出错，也不放过"。其次，人类与病毒的斗争会相互伴随，病毒会永远存在。《枪炮、病菌与钢铁》一书写得很好，它说国与国之间的差异，并不是人种颜色，而是管理病菌能力的差异。截至 2018 年 10 月，人类已知的病毒大约有 5000 种，人类可能征服了细菌，但还没有征服病毒。所以人类与病毒的斗争是必然的，我们得习惯它。既然病毒将与我们长期共存，那么未来难保会出现新的病毒。所以，一个合理的容错机制，将有效管控病毒源头。

田源： 在未来的公共事业发展过程中，企业可以发挥什么作用？

陈亚： 这次抗击疫情过程中，四类物资比较紧俏。第一是防护物资，若未来再发生疫情，此类物资在中国完全够用，因为中国这方面的产业链非常完整。第二是诊断试剂，虽然中国也不缺少诊断试剂，但是中国的诊断试剂技术还需要提高，要研制出快速、便捷、灵敏的 POCT 诊断试剂。这需要企业担负起相应的责任。第三是药品，中药制剂没人能和我们比，

但在西药的制剂方面我们与国外还有差距，希望未来我们在病毒制剂方面能有更大突破。第四是疫苗，疫情大力推动了我国疫苗产业的发展。

郑志杰：第一，企业理应在公共卫生安全中扮演相应角色。华盛顿有一个全球健康理事会，是游说国会以及世界卫生组织的重要组织，在公共卫生安全中发挥了很重要的作用。对我们自身而言，我们也应该要发挥中国企业和中国企业家在国家政策及全球健康领域的作用，在全球争取更多的话语权。我们不要忽视企业在这方面的影响。有时，企业、企业家发挥的作用比政府的作用还要大。第二，中国还需要做好公共卫生的未来应急储备，这也是商机。国家在采购和储备时肯定需要物资，而且这个需求不容小觑。第三，从企业自身角度考虑，我建议每个企业都做一个公共卫生突发事件的预案，未雨绸缪。以便一旦碰到类似像新冠肺炎这样的情况，企业能够从容应对。

刘兆年：疫情防治涉及药品和防护物资，做好这件事首先要靠企业。新药品和疫苗的研发，及药品的生产、流通和配送，都需要企业，没有企业这些事根本做不成。从另外一个角度看，公共卫生事件发生以后，首先，政府要及时发挥指导作用，积极承担相应的费用和责任；其次，在这次抗疫过程中，民营企业起到了非常重要的作用——谁都没有考量自身的经济利益，一心想着尽力救人。目前还有人在讨论，民营企业和国有企业谁的作用更大，我觉得没有必要。在大的公共卫生事件面前，企业没有差别，只要能够救人，都会主动承担相应的责任。同时，在公共卫生事件处理上，政府和企业的关系要有一个清晰的界定。公共卫生事件应由政府出资，政府购买服务，企业提供服务和产品。

毛振华：这次疫情对企业而言是一次大考。第一，面对这样的大型公共卫生事件，企业应该想好应对策略，各尽其责。在听从政府安排的同时，企业也要积极提供力所能及的帮助。亚布力论坛的企业家们在疫情早期就自发成立了应急小组，在采购物资、建立医院、捐款捐物等方面做出了很大的贡献，其间也体现了民营企业家在应对这种公共卫生事件时的灵活性、应急性。

第二，要注意防疫物资的运用问题。在物资短缺的时候，管控如果过于简单，就会容易引起囤积，物资的运用效果会很差。早期"口罩经济学"的研究表明，在口罩短缺的情况下，那些储备充足的人不会轻易拿出多余的口罩，而是囤积在家，结果疫情过去口罩也不值钱了。但如果把口罩的价格提高 1~2 倍，相应的供求关系就会产生，那些囤积口罩的人就愿意拿出多余的口罩。在这样的情况下，如果我们实施的是"简单管控"原则，不尊重市场方法——谁卖的口罩价格高就把谁抓起来，就会出现人虽然被抓起来了但还是不会把口罩拿出来的结果。我们可以从中获得启发，政府与企业的关系有时也需要用市场方法来处理。

第三，怎样正确认识医疗体系？我思考了很多，比如在企业行为和政府行为、公共卫生和逐利天性之间，如何寻求均衡。医疗体系属于公共卫生体系里的一部分，所以也应该有社会公益性，需要用有限的资源解决更多人的问题，这自然没错，但企业家的根本目标还是产生利润。如果政策不鼓励企业家的行为，导致企业没有获得很好的利润和知识产权保护，研发新药的动力也就会变弱。政府需要设立相应的激励机制，去激发企业的创造热情。单纯靠政府管理，可能无法建立一个好的医疗体系。

公共卫生领域的问题一直被忽视，大家觉得好像这个领域没有什么值得研究，但现在我发现它就是一个大学科。在公共卫生领域面前，我们的企业、社会、个人都还只是个学生，要学习的地方还有很多。

田源：中国在公共卫生体系建设上积累了丰富的经验，为全球提供了一个"中国案例"。中国案例虽然不一定适用于每个国家，但现在全世界戴口罩的人越来越多，中国对全球的贡献是可见的。

总之，全球公共卫生治理体系的确存在严重缺陷，中国也需要不断完善公共卫生体系，希望我们今后能够一起努力构建更好的公共卫生体系。企业也将积极发挥自身作用，与国家一起，共同抗击下一波可能到来的疫情。

乘风破浪的"中国企业家"

没有任何时候比此刻的中国更加需要信心。全球经济形势跌宕起伏，云遮雾障，在新冠肺炎疫情、中美贸易摩擦等多重不确定性因素的影响下，如何重塑企业生态与企业家精神，再造商业新愿景，续写新商业文明，正考验着中国企业家的韧性与智慧。中国企业无疑要走一条不同以往的创变之道，而这条创变之道的重要引领者之一就是"中国企业家"。

改革开放 40 多年来，先后涌现出了任正非、鲁冠球、柳传志、张瑞敏、陈东升、雷军等一大批优秀的中国企业家。伫立于过去与未来之间，他们正忧思天下。

企业家精神的内涵，正在不断重塑与更迭。2020 年一场突如其来的疫情，让中国企业尤其是民营企业齐心协力，驰援抗疫，为中国乃至全球的疫情重灾区积极捐款、捐物，为快速有效战胜疫情写下了浓墨重彩的一笔。

挑战与机遇常是一卵同胞，企业在发展过程中，无论是遭遇失败或是获得成功，这些经验都值得我们学习和品味。事实上，中国经济腾飞的 40 多年，正是中国企业家披荆斩棘、向前进发的 40 多年。在当前"双循环"的新发展格局下，中国企业家又将踏上高质量发展的快车道，积极调整自身，重塑商业竞争力。

从法制观念到价值判断，从商业运营到创新创业，中国企业家们正昂首向前，迎风而上。他们积极拥抱数字化和大数据时代，致力于用数字化等新方式巩固和更新制造业等传统赛道，同时，又投身于人工智能、互联网教育、生物医药等新领域、新赛道。不断颠覆、重塑与创新。在成就自我商业版图的同时，也在反哺着中国经济。本书探讨中国企业在新发展格局下的求新、求变之路，其实也是在探讨中国企业家在新时代迸发的全新精神内涵。

创造财富和盈利似乎一直是商业社会的生存之本，但可能所有人都不会否认：金钱和财富固然能彰显一个创业者的能力，却无法令他们成为真正的企业家。究竟什么样的创业者才能被称为"企业家"？什么样的精神才能被称为"企业家精神"？2020年，中国企业家用实际行动给出了答案。

企业家精神是反映经济兴衰的一面镜子，想要挖掘经济的信心根源之所在，就要看看当时代下的企业家在做些什么。在国家遭遇危难之际，他们扛鼎相助；在民生就业面临问题时，他们积极创造机会，维稳就业。机会来临之时，他们乘风前行；危机盘踞时刻，他们破浪扬帆。不知疲倦、敢于创新、突破挑战，今天的中国企业家在向社会展现商业智慧的同时，也在用他们的思想和行动，生动地刻画着时代视域下的中国企业新形象。

从某种程度上说，企业家精神是企业发展的风向标，也是衡量一个企业是否具有远见的重要砝码，更是一个民族经济和社会发展的重要智力财富。在传统思维与现代思想的交叠、更替之间，中国企业家群体也正在不断超越，不断打破和颠覆固有的舒适区，重塑和再造新的商业壁垒。本书探讨和摘选了疫情期间一些中国企业家群体和学者群体的见闻与思辨，展现了中国企业在大难当前，主动承担社会责任的家国情怀和在困难面前主动寻求解决方案的智慧与远见。"成就有多大，责任就有多大"，这在大多数中国企业家看来，绝非空话。一个不愿意传递社会价值的企业，也必将无法远航。

中国企业家精神穿越草莽，走过纯真，经历成熟，锤炼出规模化、系统化的倾向。如今，探讨中国企业在新格局下的新发展之路，探讨企业如何重塑商业生态和追求创新发展，实质就是追溯中国企业家精神的成长史。

在百年未有的大变局时代，勤奋、坚定、创新、突破、冒险、诚信，早已不是他们的固定符号。今天，越来越多的中国企业家开始对自我有了更高的要求。或许，我们需要重新重视起企业家精神对社会价值层面的溢出效应。

　　美国贸易对内收缩，世界形势云波诡谲，也许这会在短期内影响中国经济的发展，但是这些都将无法磨灭中国企业家面对困难越挫越勇的精神和永不言败的韧性。过去，中国企业家是最具先锋意识的一群人，他们用智慧创新、创业，如今，他们也积极发扬家国情怀，让中国和世界看到中国企业家的精神正闪闪发光。企业家精神也是人类的智力成果之一，它如科学精神、教师精神一样，理应受到尊重和传承。

　　2021 年，注定将被载入史册。过去，中国企业家在无数次考验中砥砺前行，成长壮大；未来，中国企业家依然需要乘风破浪，团结奋进。我们期待在未来，中国企业家精神，能成熟到可以为中国企业背书。在构建以"国内大循环为主体、国际国内双循环相互促进"的新发展格局背景下，中国企业家以心迎新，用心创新，不断谋求创新密钥，在产品创造、理念创新、坚守诚信等方面持续精进，用行动捍卫中国企业的尊严和生命力。

　　面对百年未有之新变局，有人踌躇不前，有人彷徨迷惘，有人却无惧风雨、乘风破浪，早已在路上。他们就是——中国企业家。

———